Ramona Jakob
Wenn der Traum von Familie platzt

Ramona Jakob

Wenn der Traum von Familie platzt

Ein Mutmachbuch bei Trennung und Scheidung

Kösel

Für Mum.
Eine starke Frau, eine wundervolle Mutter.
Danke.

Verlagsgruppe Random House FSC-DEU-0100
Das für dieses Buch verwendete FSC®-zertifizierte Papier
Classic 95 liefert Stora Enso, Finnland

Copyright © 2012 Kösel-Verlag, München,
in der Verlagsgruppe Random House GmbH
Umschlag: fuchs_design, München
Umschlagmotiv: Millennium Images/LOOK-foto
Druck und Bindung: GGP Media GmbH, Pößneck
Printed in Germany
ISBN 978-3-466-30923-8

Weitere Informationen zu diesem Buch und unserem gesamten
lieferbaren Programm finden Sie unter
www.koesel.de

Inhalt

Wenn der Traum von Familie platzt   9
   Sich vom Wunschbild der Vergangenheit lösen,
   ohne daran zu zerbrechen

Die Entscheidung, sich zu trennen, ist gefallen   11
Schritt für Schritt   12
Wie sage ich es meinen Kindern?   13
Wie sage ich es meinem Umfeld?   21
Alles neu macht die Scheidung   23
Sorgen Sie für SCHUTZ   25
Zurückblicken, zulassen, verarbeiten   27
Kinder brauchen beide Elternteile   30
Bauen Sie eine Windmühle statt Mauern   32

Mütter allein zu Haus   35
   Das tägliche Leben neu strukturieren

Alles, was recht ist   35
Wer wohnt wo?   37
Wie steht's mit den Finanzen?   42
Und was machen Sie beruflich?   47
Es ist Zeit für Zeitmanagement   51
Kraft und Durchhaltevermögen   55

Getrennt und doch noch verbunden 59
Eltern bleiben trotz Trennung

Intuition – mehr als ein Gefühl 63
Wie sage ich es dem Kinde? 67
Mal so, mal so 70
Alleinerziehend – allein*ver*ziehend 72
Emotionale Stolpersteine 75
Gemeinsam allein 78
20 Bitten an geschiedene Eltern 81

Wann hört es auf zu dauern? 85
Gefühle zulassen, mit ihnen umgehen und
sie verarbeiten

Gute Nacht!? 85
Jetzt ist aber Schluss! Oder? 87
Kein Schalter für Gefühle 93
Trennung heißt Abschied nehmen 96
Schmerz 97
Hoffnung 99
Trauer 100
Zorn 102
Gelassenheit 104
Vom Umgang mit Gefühlen 105
Frei durch Loslassen 111
Eine ganz neue Sicht 113
Werden Sie zur Mimose 115
Glück 117
Zuversicht und Stolz 119
Zufriedenheit 120
Liebe 121

Mama wird sich selbst bewusst   123
Sich selbst wiederentdecken und eigene
Wege gehen

Selbstwert heißt, es sich selbst wert zu sein   125
Entscheidungsfreiheit statt fremdgesteuertes Opfer   129
Was würde ich tun, wenn ...?   134
Was, wenn ich gar keine Zeit für mich habe?   138
Zwischen Lethargie und Hyperaktivität   139
Werden Sie der Chef Ihres eigenen Lebens   142
Es geht auch ohne   144
Seien Sie gut zu sich selbst   147
Training statt Tränen   147
Zeit für mich   151
Ein bisschen Spaß muss sein   152

Neues Leben, neue Liebe, neues Glück?   155
Ein Blick in die Zukunft

Überstürzen Sie nichts   158
Der Neue   159
Erst müssen wir uns selbst lieben   162
Wo verwandeln sich Frösche in Prinzen?   163
Meine kleine Patchworkfamilie   166
Alles eine Frage der Gewöhnung?   170
Eins, zwei, drei – alle Eltern dabei   171
Wie gehe ich mit den Kindern um?   172
Tempo, Tempo?   174
Vom Umgang miteinander   175
Ein neuer Bund fürs Leben   180

Was ich Ihnen wünsche   181

Anhang   183
Hilfreiche Organisationen und Links   183
Literaturhinweise   186

Wenn der Traum von Familie platzt

Sich vom Wunschbild der Vergangenheit lösen, ohne daran zu zerbrechen

Kinderlachen schallt durch die Zimmer. Die Aufregung und Vorfreude sind greifbar. Frisch geduscht, gut gelaunt und mit erledigten Hausaufgaben ist unser Kind bereit für den Ausflug. Früher verließen wir zu dritt die Wohnung. Heute bleibt eine zurück. Sie lächelt, wünscht viel Spaß und hält sich gerade. Doch kaum fällt die Haustür ins Schloss, bricht ihre innere und äußere Haltung zusammen. Alle Kraft scheint weg. Es ist, als hätte sie diese versehentlich in den Kinderrucksack eingepackt. Denn es ist Papa-Wochenende.

Wenn mich die Stille der Wohnung wie zäher Morast umgibt, wird wieder deutlich, dass die gemeinsamen Familienausflüge, wie sie ursprünglich in unseren Vorstellungen und Träumen dazugehörten, nicht mehr existieren. Es ist nicht nur der Partner weg. Auch das Kind ist fort – wenn im Gegensatz zum Partner auch nur für begrenzte Zeit. Doch diese Tatsache ist in dem Moment, in dem ich das Klicken der Tür und die sich entfernenden Schritte vernehme, wenig tröstlich. Am liebsten würde ich noch etwas hinterherrufen, ein weiteres Abschiedsküsschen einfordern, etwas Dringendes klären oder einfach gar nicht erst die Tür öffnen, um sie nicht kurz danach wieder schließen zu müssen. Doch ich halte mich zurück. Ich weiß, dass es nicht gut wäre. Nicht gut für mich und vor allem nicht gut für unser Kind. Aber was ist schon gut in einer Zeit, in der die Träume platzen und das Leben in sich zusammenfällt? Was ist gut an einer Zukunft, die sich erst langsam aus dem Nebel der Zerstörung erhebt und nichts als den Blick auf einen riesigen Trümmerhaufen freigibt?

Glauben Sie mir, es gibt viel Gutes. Nur sehen wir es zu Beginn oft nicht. Wir müssen es ausgraben, wieder freilegen, vom Staub befreien oder gar aus den Trümmerstücken neu erbauen. Es ist da, auch wenn wir daran zweifeln. Tief im Inneren glauben Sie auch daran. Denn darum lesen Sie dieses Buch. Ich werde Ihnen Ihre Trümmer nicht abnehmen können, aber ich werde Ihnen helfen. Wie eine Schubkarre. Laden Sie Sorgen und Last auf oder bringen Sie neue Elemente in Ihr Leben. Sie finden in diesem Buch mehr als nur klare Tipps, um mit der neuen Lebenssituation zurechtzukommen. Es ist gefüllt mit vielen Erfahrungen »Szenen einer Trennung«, die meine Gesprächspartnerinnen und ich persönlich gesammelt haben. Sie finden Anregungen, Gedankengänge und Lichtblicke, die Ihnen helfen werden, wieder auf die Beine zu kommen und den Mut zu finden, den Sie so dringend benötigen. Laden Sie alles auf, was Sie brauchen. Rein in die Schubkarre und raus aus dem Trümmerhaufen. So eine Schubkarre lässt sich schließlich in alle Richtungen schieben. Aber die Schubkarre bewegen, dieses Buch lesen und vor allem handeln müssen Sie selbst. Und Handeln beginnt häufig mit einer Entscheidung.

Noch ein Wort zur Anrede: Da die Themen im Zusammenhang mit einer Trennung, wie sie in diesem Buch beschrieben werden, vorwiegend Frauen betreffen, spreche ich diese meist in erster Linie an. Männer, die ähnliche Erfahrungen gemacht haben und machen, dürfen sich selbstverständlich ebenso angesprochen fühlen und die Inhalte des Buches auch für sich nutzen.

Die Entscheidung, sich zu trennen, ist gefallen

Die Entscheidung ist gefallen. Sie werden sich trennen. Kein weiterer Versuch, keine neue Chance. Vielleicht haben Sie nächtelang darüber nachgedacht, sich bei Eis und Chips den Kopf zermartert und die Figur ruiniert oder aber von heute auf morgen eine Entscheidung getroffen. Verstand mit Gefühl abgewogen. Ein Zurück gibt es nicht. Zurzeit zumindest nicht. Dieser Moment der Entscheidung löst häufig einen Ansturm an Gefühlen aus. Sie überrollen uns wie eine Lawine. Reißen uns mit und den Boden unter den Füßen davon. Wir verspüren Verzweiflung, Machtlosigkeit, Trauer und Zorn.

Nehmen Sie all Ihre Gefühle so an, wie sie sind. Lassen Sie zu, etwas zu spüren. Viele Menschen verhärten in den schwierigen Zeiten ihres Lebens, weil sie Schutzpanzer aufbauen, die sie selten wieder vollständig ablegen können. Damit verlieren sie aber nicht nur den Bezug zu ihrem Umfeld, sondern häufig auch zu sich selbst. Seien Sie traurig über den Verlust, wütend auf die vermeintliche Machtlosigkeit und erleichtert, weil nicht nur die Ehe, sondern auch die Ungewissheit endlich ein Ende hat. Sie dürfen Ihre Gefühle spüren, nein, Sie sollen und müssen es sogar. Also hören und spüren Sie hin. Seien Sie Ihr eigener Retter, der an der Oberfläche des Trümmerberges innehält, um tief im Inneren die Stimme der Überlebenden zu hören.

Auch wenn wir still sein müssen, um uns einen Überblick zu verschaffen und die geheimen Stimmen überhaupt wahrnehmen zu können, so ist genau das gerade zu Beginn eine große Herausforderung. Wie bitte soll man innehalten, wenn man das Leben neu sortieren muss, der Alltag weitergeht und jeder einzelne Tag so unglaublich viele Aufgaben bereithält? Alles lastet auf unseren Schultern und presst uns nieder. Schnürt uns die Luft ab. Die Angst vor der Zukunft raubt uns den Schlaf. Wir funktionieren. Organisieren Tag für Tag unser

Leben und das unserer Kinder und wagen dennoch nicht, den Kopf und somit unseren Blick zu heben. Neben dem Partner (oft) wünschen wir uns die Selbstverständlichkeit des Überlebens zurück (fast immer). Wir wissen, es muss irgendwann besser werden, aber wir spüren es einfach nicht. Der Verstand hat die Situation bereits erfasst, doch das Herz braucht Zeit, um zu folgen!

Schritt für Schritt

Wie überbrücken wir aber nun die Zeit, bis unser Herz ebenfalls begreift, dass das Leben nicht geendet, sondern lediglich eine rasante Wendung genommen hat? Wie bewältigen wir all die Aufgaben, wenn es uns doch schon längst zu viel ist? Ist das überhaupt möglich?

Ich bin sicher, Sie können es schaffen. Warum? Nun, wenn ich Sie fragen würde, ob Sie sich vorstellen können, heute einen Marathon zu laufen, würden Sie vermutlich verneinen. Wenn Sie aber Zeit zum Trainieren hätten, wie wäre es dann? Ein Erfolg ist schon wahrscheinlicher und wohl auch für Sie vorstellbar. Wenn Sie 42 Tage lang jeweils nur einen Kilometer laufen müssten, um die Strecke zu bewältigen, wie schätzen Sie dann Ihre Chancen ein? Sie könnten es schaffen!

Genauso verhält es sich mit Ihrem Leben, dem Alltag und der dicken To-do-Liste. Sie müssen nicht alles auf einmal erledigen, sich bis zur Erschöpfung auspowern und am Ende auf der Strecke bleiben. Gehen Sie jeden Tag ein Stück, bewältigen Sie die Aufgaben Schritt für Schritt. Jeder gemeisterte Tag ist wie Training für Ihre Ausdauer und Ihr Selbstwertgefühl. Und mithilfe dieses Trainings tun Sie nun Folgendes: Wenn Sie fallen, stehen Sie wieder auf! Treten Sie einen Schritt zurück und schauen Sie hin, was Sie zum Stolpern gebracht hat. Dann nehmen Sie Anlauf, sammeln Sie Ihre Kräfte, holen Schwung und überwinden Sie Ihre Hürden.

Wie sage ich es meinen Kindern?

Mit Ihren Kindern über die neue Situation zu sprechen, gehört zu den schwerwiegendsten Konsequenzen, die Sie aufgrund Ihrer Entscheidung tragen müssen. Dafür werden Sie zu Beginn all jene Kraft benötigen, die Sie eben gerade beim Anlaufnehmen gesammelt haben. Dieser Moment wird Sie bis an Ihr Limit fordern. Dies ist verständlich. Seit sich auf dem Schwangerschaftstest der zweite Streifen verfärbt hat, beschützen wir unsere Kinder. Wir nehmen ihnen ihre Ängste, indem wir die Monster unter dem Bett vertreiben, bringen ihnen bei, auf sich selbst aufzupassen, und vermeiden alles, was ihnen Schmerzen bereiten könnte. Sie sind unser Ein und Alles, vertrauen uns blind und lieben uns ohne Vorbehalt.

Und genau jetzt müssen wir etwas tun, was wir über Jahre mit aller Macht vermieden haben. Wir erleben den emotionalen Schmerz der Trennung gerade am eigenen Leib und sollen unserem Kind eben jenen wissentlich zufügen. Kein liebender Elternteil möchte dies seinem Nachwuchs antun. Doch Sie müssen. Viele versuchen, diesen Augenblick hinauszuzögern, Zeit verstreichen zu lassen und gute Miene zum bösen Spiel zu machen. Vordergründig, weil sie ihren Kindern nicht wehtun wollen. Häufig jedoch auch aus Angst und Schuldgefühl. Sie selbst wollen den Schmerz auch nicht spüren. Aber sie müssen.

Unsere Kinder sind schlau, sehr schlau. Viel wichtiger ist jedoch, dass unsere Kinder noch ein natürliches Gespür in sich tragen. Eine naturgegebene Intuition, die wir Erwachsene häufig unter Sachinformationen, Verstand und Erfahrung begraben. Bei Kindern liegt diese Gabe noch frei. Sie spüren, dass etwas nicht stimmt, als würden ihre winzigen Antennen die unruhigen Schwingungen aufnehmen. Auch wenn Sie nicht vor Ihren Kindern streiten, nicht weinen oder schlecht über den anderen Elternteil sprechen: Ihre Kinder wissen Bescheid. Versuchen Sie also gar nicht erst, ihnen über einen längeren Zeitraum etwas vorzuspielen. Es wird nicht funktionieren. Werden Sie sich mit Ihrem Partner klar, fällen Sie eine Entscheidung und handeln Sie dann entsprechend. Sie sind erwachsen und verantwortlich.

Wie, wann und mit welchem Wortlaut Sie Ihr Kind informieren, ist von jedem Einzelnen abhängig. Eine pauschale Lösung gibt es nicht. Aber es gibt Studien, Empfehlungen von Psychologen und Erfahrungswerte, die Ihnen in dieser Situation mit Sicherheit sehr hilfreich sein können. Hier ein paar wertvolle Tipps und Anregungen:

Was Sie beachten sollten, wenn Sie es Ihrem Kind sagen

Mütter wollen ihre Kinder schützen. Das ist sehr gut und wichtig für das Wohl der Kleinen. Daher versuchen sie es mit weichen Worten und knallharten Beteuerungen: »Wir werden immer deine Eltern sein, auch wenn wir kein Ehepaar mehr sind. Versprochen!« Dieses verständliche und gleichzeitig sehr anspruchsvolle Versprechen ist zugleich die größte Herausforderung, der Sie sich stellen müssen. Sie müssen zum Wohle der Kinder miteinander kommunizieren, Ihre Erziehungsmethoden abstimmen und sollten vor den Kindern nicht streiten. Selten gelingt dieser Spagat ohne Blessuren. Wer sich jedoch vorbereitet und ein paar grundsätzliche Dinge beachtet, kann die Verletzungen minimieren und auf eine Heilung im Laufe der Jahre hoffen.

Bevor Sie also wild drauflosstürmen, Ihren Kindern berichten, dass der blöde Papa zu seiner noch viel blöderen Freundin gezogen ist, sollten Sie also einiges bedenken. Ich selbst habe in der Zeit unserer Trennung viele Bücher gelesen, wollte optimal vorbereitet sein. Ich glaube, hin und wieder hat es auch geholfen. So habe ich beispielsweise im Buch *Glückliche Scheidungskinder* von Remo Largo und Monika Czernin viele hilfreiche Ratschläge gefunden, die sich mit meinen eigenen Gedanken und Erfahrungen vielleicht wie folgt zusammenfassen lassen:

> Nehmen Sie sich Zeit und überlegen Sie, ob Sie in der Lage sind, dieses Gespräch gemeinsam mit dem Vater zu führen. Tragen Sie nach Möglichkeit beide die Verantwortung und die Konsequenz aus Ihrem Handeln. Besprechen Sie sich vorher und vor allem: Streiten Sie nicht, während Sie den Kindern die neue Situation näherbringen. Dies ist der falsche Zeitpunkt für Diskussionen, Vorwürfe, Anklagen und hysterische Zusammenbrüche. Sie sollten sich also emotional so stabil fühlen, dass Sie auf die Kinder eingehen und das eigene Befinden zumindest ein Stück weit hintanstellen können. Oft wird betont, dass man auf jeden Fall als liebevolle Eltern bestehen bleibt, auch wenn man die Partnerschaft auflöst. Also handeln Sie auch als Eltern. Taten sagen mehr als Worte!

> Betonen Sie im Gespräch mit Ihren Kindern stets das Verbindende, nicht das Trennende! Es geht in diesem Moment nicht darum, was nicht funktioniert hat, was es nicht mehr geben wird. Sie sollten vielmehr das hervorheben, was an positiven Dingen sichtbar bleibt, was Sie Gutes tun werden, um die Situation zu erleichtern, und worin die Chancen des neuen Lebensabschnittes bestehen. Das könnte zum Beispiel sein, dass der Papa auch weiterhin mit zu den Fußballspielen kommt, dass Sie versuchen werden, die Oma und den Opa regelmäßig zu besuchen und auch das Übernachten dort zu ermöglichen, dass Sie nicht weit wegziehen und somit Schulweg und Freunde gleich bleiben, dass Sie als Eltern weiterhin für das Kind da sein werden, auch wenn Sie kein

Ehepaar mehr sind. Je nach individueller Trennungssituation lässt sich natürlich nicht jedes Beispiel anwenden. Sie sollen lediglich als Anregung dienen, um im eigenen Leben nach anwendbaren Möglichkeiten zu suchen.

> Sie sollten bei dem Gespräch auch auf sich selbst achten. Lassen Sie sich nicht den Schwarzen Peter zuschieben. Wenn Ihr Partner entschieden hat, die Familie zu verlassen, sollte er diese Nachricht auch überbringen, selbst wenn Sie sich vielleicht gewählter ausdrücken können und die sanfteren Worte finden. Andernfalls bleiben Sie im Gedächtnis der Kinder der Buhmann. Und glauben Sie mir, Sie werden auch so noch genug reden und ausbügeln müssen.

> Formulieren Sie so klar, einfach und verständlich wie möglich. Vorwürfe und Schuldzuweisungen sind an dieser Stelle nicht nur unpassend, sondern setzen Ihr Kind nur unnötig zusätzlich unter Druck. Es liebt Sie beide und will genau dies auch zukünftig tun dürfen. Dies geht aber nicht, wenn Sie versuchen, das Kind auf eine Seite zu ziehen. Machen Sie Ihre Probleme mit dem Partner nicht zum Problem Ihres Kindes.

> Die Erfahrung zeigt, dass Kinder den Grund und somit die Schuld für das Scheitern der elterlichen Ehe oft bei sich selbst suchen. Sie fühlen sich verantwortlich für die Geschehnisse. Nehmen Sie Ihren Kindern diese Angst, ohne zu lange und zu viel darüber zu diskutieren. Es muss keiner Schuld haben. Was Sie persönlich denken, ist in diesem Fall unwichtig. Anders verhält es sich natürlich, wenn Gewalt, Vernachlässigung, Drogen oder Ähnliches innerhalb der Familie Thema waren. Aber ein Verhältnis mit der Sekretärin ist in diesem Fall kein nennenswerter Grund. Ein Kind muss nicht alle Entscheidungen der Eltern verstehen. Aber es muss spüren, dass es geliebt und weiterhin geschützt wird.

> Versprechen Sie nichts, was Sie nicht zu 100 Prozent halten können, nur um schwierige Momente zu umschiffen!

> Haben Sie keine Angst, etwas falsch zu machen. Dies ist nur das erste Gespräch von vielen, die da hoffentlich noch folgen werden. Es ist der Grundstein Ihrer kommenden Kommunikation, nicht aber einzig und allein ausschlaggebend. Viele erinnern sich zwar an genau jenen Moment, in dem sich das kleine Leben plötzlich in eine neue Richtung drehte. Die Basis, das Vertrauen zwischen Ihnen und Ihren Kindern, wird jedoch hauptsächlich durch Ihr zukünftiges Verhalten geprägt sein. Sie können in diesem einen Gespräch rhetorisch und psychologisch noch so perfekt sein – wenn Sie Ihre Aussagen nicht durch zukünftiges Verhalten untermauern, wird es nichts nützen.

Dies gilt es im Besonderen bei *kleineren Kindern* zu beachten:

> Setzen Sie sich zu Ihrem Kind. Wenn es noch klein ist, können Sie es auf den Schoss nehmen oder sich nebeneinander auf das Sofa kuscheln. Körperkontakt ist gerade jetzt ungeheuer wichtig und verdeutlicht dem Unterbewusstsein die vorhandene Bindung.
> Ein wohlüberlegtes »Papa liebt die Mama nicht mehr« mag im ersten Moment sinnvoll erscheinen, führt aber gegebenenfalls bei kleinen Kindern auch zu folgender Schlussfolgerung: »Wenn Papi seine Liebe zu Mami verlieren kann, dann kann er sie auch zu mir verlieren. Vielleicht liebt er mich irgendwann auch nicht mehr.« Unterbewusst zweifeln die Kinder an, dass die Liebe der Eltern zu ihnen selbst ewig anhält. Das schürt die Angst, eines Tages selbst verlassen zu werden.
> Sprechen Sie nicht von »Scheidung«. Darunter können sich kleine Kinder nichts vorstellen. Auch die alleinige Tatsache eines Aus- oder Umzuges erklärt den Kindern nicht die Lage Ihrer Partnerschaft. Zeigen Sie die Veränderungen auf und die Gemeinsamkeiten, die bestehen bleiben. Kinder finden in Ritualen Halt. Versuchen Sie alte Rituale beizubehalten und neue

zu etablieren. Es wird sowohl Ihren Kindern wie auch Ihnen beim Umgang mit der neuen Situation helfen.

> Versuchen Sie auch zusätzlich zum gesetzlichen Umgangsrecht den Kontakt zwischen Expartner und Kind aufrechtzuerhalten. Wenn die Kleinen ihren Papi sprechen wollen, versuchen Sie ihn für sie zu erreichen. Ein kurzes Telefonat reicht häufig aus. Denn zwei Wochen beispielsweise erscheinen Kindern wie eine Ewigkeit, da kann die Sehnsucht schnell sehr groß werden. Liebe ist für viele Kinder gleichzusetzen mit »Für mich da sein« – im wörtlichen Sinne. Um es besser verstehen zu können, stellen Sie sich doch einfach vor, Sie müssten zwei Wochen auf Ihr Kind verzichten. Na, Sehnsucht?

Dies gilt es im Besonderen bei *größeren Kindern* zu beachten:

> Setzen Sie sich zu Ihrem Kind. Auch bei größeren Kindern sollten Sie Nähe durch Beieinandersitzen auf dem Sofa herstellen. Nähe ist wichtig und verdeutlicht auch größeren Kindern die vorhandene Bindung. Jedes Kind möchte geliebt werden und sich geborgen fühlen, auch wenn sie es ab einem gewissen Alter nicht mehr gerne zugeben.

> Was bei kleineren Kindern das eigene fragile Schutzempfinden ins Wanken bringt, stürzt ältere Kinder oft in einen weiteren Konflikt. Sie versuchen nicht nur sich selbst zu schützen, sondern auch die Elternteile. Sie bilden einen Puffer, vermitteln und unterstützen den vermeintlich schwächeren Part. Gerade Aussagen wie »Jetzt bist du der Mann im Haus« oder »Pass mir gut auf die Mama auf« fördern dieses übertriebene und meist überfordernde Pflichtgefühl.

> Trennen sich Eltern während der Pubertät, haben die Jugendlichen den Vorteil, dass sie so manches schon viel besser verstehen. Sie haben oft schon längere Zeit unter der angespannten Lage in der Familie gelitten und im Vergleich zu

kleineren Kindern die Konflikte entsprechend miterlebt oder gar auf sich bezogen. Eine Trennung kann sich im ersten Moment also durchaus erleichternd anfühlen, wenn auch der Verlust der Wunschvorstellung von Familie und deren Zusammengehörigkeit nicht spurlos an den Jugendlichen vorbeigeht. Es entsteht also ein gewisses Durcheinander an positiven und negativen Aspekten in diesem Alter. Hinzu kommt, dass bei den Jugendlichen durch die Pubertät in ihrem realen wie auch im Gefühlsleben eh schon nichts mehr ist, wie es vorher war. Dieses Chaos erhält nun noch eine weitere komplizierte Variable. Daher ist Ihre Unterstützung trotz oder gerade wegen ihres Alters besonders wichtig.

> Geben Sie Ihren Kindern das gewisse Maß an Freiheit, das sie in der Pubertät einfordern. Bieten Sie aber auch den nötigen Rückhalt, den sie noch immer brauchen.
> Machen Sie Ihr Kind nie zum Partnerersatz! Es ist und bleibt ein Kind – Ihr Kind.

Und denken Sie stets daran, es sollte sich um ein *Gespräch* mit Ihren Kindern handeln. Sie sprechen und erklären, müssen aber auch zuhören und Raum sowie Zeit für Ängste und Fragen der Kinder bereithalten. Es geht hier nicht um einen sachlichen Vortrag, den es auszuarbeiten gilt. Auch wenn Sie die Hinweise jetzt ernst nehmen und versuchen, sie umzusetzen, so wird Ihr Gespräch ein ganz persönliches sein, das geprägt ist durch Sie und Ihre Familie. Reden, fühlen, hören, handeln, lieben, weinen Sie. Aber vor allem: Achten Sie auf Ihre Kinder! Beobachten Sie Ihre Kinder und deren Reaktionen. So werden Sie nicht nur hören, was gerade wichtig ist, sondern auch spüren, was von Ihnen gebraucht wird.

Das Schwierigste am Reden ist nicht das Reden, sondern das Zuhören.

Sie können sich noch so viele Gedanken darüber machen, wie Sie die Trennung von Ihrem Partner Ihrem Kind am schonendsten beibringen. Manchmal denkt Ihr Umfeld einfach nicht mit. Ein einziger Satz kann Ihr mühsam aufgebautes Konstrukt mit einem Donnerschlag zerstören. So haben wir beispielsweise lange vor dem Gespräch mit unserem Kind über die richtige Wortwahl nachgedacht, Bücher gelesen und Profis befragt. Auch den Moment selbst haben wir unter vielen Tränen einigermaßen gemeistert. Wir fühlten uns nicht gut, hatten aber den Eindruck, es unserem Kind nicht schwerer als nötig gemacht zu haben.

Bis meine unsensible Schwiegermutter ins Spiel kam. Einen Tag, nachdem unser Sohn von der Trennung erfahren hatte, mussten wir ihn aufgrund eines gemeinsamen Termins für ein paar Stunden bei der Oma unterbringen. Bei einer ihn liebenden Person schien er uns am sichersten aufgehoben. Es ging ihm schließlich schon schlecht genug und wir wollten ihn ungern noch mehr belasten. So war es das Beste. Dachten wir zumindest ... Der gute Kumpel meines Mannes oder selbst der Nachbar hätte vermutlich weniger Schaden angerichtet. Denn sie kam auf die glorreiche Idee, unserem damals sechsjährigen Kind zu sagen: »Der Papi hat die Mami verlassen, weil ihm ihr Essen nicht geschmeckt hat.«

Sie lachen jetzt vielleicht, in dem Moment fand ich das überhaupt nicht witzig. Mir blieb ihr angeblicher Scherz im Halse stecken wie ihr Kartoffelsalat bei der letzten Geburtstagsfeier. Man müsse dem Kind einen leicht verständlichen Grund nennen, hat sie gesagt. Müssen Sie nicht! Zumindest nicht so! Bedenken Sie also, dass es immer wieder unsensible Menschen in Ihrem Umfeld gibt.

Wie sage ich es meinem Umfeld?

Nicht nur die Kinder, sondern auch Ihr restliches Umfeld werden früher oder später von Ihrer Trennung erfahren. Manchmal haben wir dann das Gefühl, als katapultiere uns diese Neuigkeit an den Rand der Gesellschaft wie ein Stück Knorpel, das angewidert an den Tellerrand geschoben wird. Deshalb sollten wir uns bewusst machen, dass wir nicht allein sind. »18 Prozent aller Familien in Deutschland sind Familien mit einem alleinerziehenden Elternteil, in den neuen Bundesländern ist ein Viertel aller Familien alleinerziehend. Insgesamt leben mehr als zwei Millionen Kinder unter 18 Jahren in alleinerziehenden Familien. Alleinerziehende machen also einen wesentlichen Bestandteil der Familien in Deutschland aus.« So die Zahlen aus einem Bericht des Bundesministeriums für Familie, Senioren, Frauen und Jugend.

Wir sind in unserer Gesellschaft nicht allein – im Gegenteil. Sich dieser Zahlen bewusst zu werden, ändert zwar nichts Grundlegendes an der momentanen Situation, stärkt aber das Selbstbewusstsein. Wir tragen nicht als Einzige diese Bürden auf unseren Schultern, sind nicht die einsame Mutter oder der einsame Vater, die/der das Leben mit den Kindern ohne den Partner an der Seite meistern muss. Es gibt uns Alleinerziehende heute und es gab sie schon früher, als Frauen zum Beispiel aufgrund von Kriegen und persönlichen Schicksalsschlägen ihre Kinder auch allein großziehen mussten. Wir sind also keine »Sonderlinge der Gesellschaft«.

Und bei aller Liebe für Status, Image und den guten Ruf: Nehmen Sie die vermeintlich so korrekte Gesellschaft und ihre Ansichten nicht immer bitterernst. Sie müssen selbst entscheiden, was für Sie und Ihre Kinder richtig und wichtig ist. Nicht die anderen. Dass dies manchmal schwerfällt, ist klar. Da kommen Sprüche, schräge Blicke, oder vermeintliche Freunde rufen nicht mehr an. Plötzlich wissen die Menschen nicht mehr, was sie mit uns reden sollen, oder aber fragen nach so intimen Details, dass uns die Spucke wegbleibt. Nicht nur der ehemalige Partner scheint uns mit seinen An- und Einsichten inzwischen fremd, auch Freunde und Bekannte zeigen sich von einer neuen, teils guten, teils sehr negativen Seite.

Lassen Sie sich von den schlechten Erfahrungen nicht runterziehen, auch wenn sie an uns kleben wie ein alter Kaugummi unter der Schuhsohle. Ziehen Sie notfalls die alten Schuhe aus und wagen Sie sich barfuß auf neue Wege. Denn nicht die Menge an Freunden und Bekannten ist ausschlaggebend, sondern die wahre Verbundenheit mit den Menschen. Und mit vermeintlichen Freunden ist es wie mit dem ehemaligen Partner: Ich möchte nicht meine Zeit mit Menschen verbringen, die es mit mir nicht (mehr) ehrlich meinen und mich nicht so lieben, wie ich bin. Dafür ist die Zeit und dafür bin auch ich mir zu schade!

Ihre wahren Freunde werden auch jetzt zu Ihnen halten. Schauen und hören Sie genau hin. Wer bietet seine Hilfe an, fragt ehrlich nach Ihrem Befinden, nimmt Ihnen mal das Kind ab oder schleppt gemeinsam mit den anderen 15 Helfern all die vielen Kisten aus der alten Wohnung in Ihr neues Leben? Sie werden sehen, hören und staunen, wie viel ehrliche Zuneigung und Unterstützung in Ihrem Leben Platz hat. Seien Sie dankbar für diese Menschen und bereit, Ihr Herz zu öffnen. Denn gerade in Zeiten des Umbruchs lernen wir viele neue Personen kennen, die hin und wieder zu Bekannten und gelegentlich zu guten Freunden werden. Räumen Sie also nicht nur in Ihrer Wohnung auf, sondern auch in Ihrem Adressbuch.

Alles neu macht die Scheidung

Als ich auf meine Scheidung zusteuerte, änderte sich alles. Wir verkauften unser Wohneigentum und ich zog in eine zwar schöne, aber eben doch gemietete Wohnung. In dieser Zeit der Selbstfindung und der Neustrukturierung meines Lebens wechselte ich zusätzlich meinen Job und wurde dadurch von der Managerin zur Sachbearbeiterin. Und last, but not least sollte ich mein Traumauto, ein wunderschönes hellblaues Beetle Cabrio, verkaufen und ab sofort einen 14 Jahre alten 3er Golf fahren. Warum ich Ihnen das erzähle? Weil es mir eine lehrreiche Erfahrung war. Weil wir damit nicht allein sind. Weil wir lernen können, dass das vermeintlich Schlechte auch gute Seiten hat. Nach außen hin hatte ich alles verloren. Mann, Wohnung, Managertitel und ein tolles Auto. In unserer Gesellschaft also durchaus auch ein gewisses Prestige und Anerkennung. Vielen Frauen ergeht es so. Sie verlieren nicht nur ihre Familie, sondern auch das, wofür sie in den vielen vergangenen Jahren gekämpft haben. Es dauert einen Moment, bis man begreift, dass diese Güter und Statussymbole jedoch nicht alles im Leben sind. Das Wichtigste und Teuerste haben wir oft noch bei uns: unsere Kinder.

Ich möchte Sie ermutigen, auch in den schwierigen Momenten die positiven Dinge zu sehen. Die kleinen Lichtblicke, die durch den Staub der aufgewirbelten Trümmer scheinen. Es gibt sie. Wir sollten vor ihnen nicht die Augen verschließen, auch wenn es uns manchmal schwerfällt, überhaupt noch etwas durch den Tränenschleier zu sehen. Vielleicht war die alte Wohnung ja gar nicht so schön oder beherbergt schlicht noch zu viele Erinnerungen und falsche Hoffnungen. Eine neue Wohnung, wenn auch kleiner und nicht ganz so luxuriös, kann also durchaus positive Aspekte haben. Hier können Sie sich neu entfalten. So wie Sie sind. Dafür benötigt man nicht immer die teuersten Möbel. Wenn Sie sich Ihre Traumeinrichtung derzeit nicht leisten können, nutzen Sie die Kraft der Farben und Dekorationsmöglichkeiten. Vielleicht findet sich ja noch ein schönes Stück im Keller der Eltern, auf dem Flohmarkt oder bei Freunden. Versuchen Sie das Beste daraus zu machen und freuen Sie sich auf Zeiten, in denen es besser wird.

Auch bei einem möglichen Jobwechsel muss man sich fragen, warum man wechselt. Verdienen Sie jetzt mehr? Dann ist es gewiss in dieser Situation die richtige Entscheidung und entlastet Sie an einer wesentlichen Stelle. Ein Titel allein wird Sie im Moment nicht versorgen können. Veränderungen im Job lenken auch ab und fordern für ein paar Stunden unsere volle Aufmerksamkeit. Natürlich bin ich mir bewusst, dass sie uns auch Energie kosten. Aber sie verhindern auch stundenlange Grübeleien. Und das Auto ist letztlich nur ein Gebrauchsgegenstand. Ganz ehrlich: Egal, wie schön das Cabrio war, es war einfach nur unpraktisch als Familienauto. Ich liebe inzwischen meinen alten, klapprigen Golf mit dem riesigen Kofferraum und den vier Türen, durch die alle Kinder problemlos mit dreckigen Fußballschuhen ein- und aussteigen können.

Lassen Sie sich also nicht zu sehr von der Gesellschaft beeinflussen. Wenn es Ihnen guttut, tut es auch Ihrem Kind gut, und dann ist es egal, was Herr X. und Frau Y. dazu sagen. Schauen Sie also genau hin, wenn Sie Dingen hinterhertrauern. Was genau vermissen Sie daran? Ist es wirklich die Wohnung oder sind es die Nachbarn? Können Sie die liebe Freundin von nebenan vielleicht auch in Zukunft regelmäßig treffen? Versuchen Sie die guten Seiten zu sehen, auch wenn es nicht immer leichtfallen wird. Einen Versuch ist es allemal wert.

Sorgen Sie für SCHUTZ

Sich ein dickes Fell zuzulegen hat klare Vorteile. Häufig überlegen wir nämlich ausschließlich, was wir für unsere Kinder tun können. Unseren Kindern kann es aber nur dann gut gehen, wenn es uns selbst gut geht. Viele ignorieren diese Tatsache, verschieben die eigenen Bedürfnisse auf »irgendwann« und vergessen dabei, sich um sich selbst zu kümmern. Es gibt schließlich so viele andere Dinge, die unsere Aufmerksamkeit fesseln und unsere Kräfte fordern! Lassen Sie gerade deshalb nicht zu, sich selbst in Ihrer neuen Lebenslage aus den Augen zu verlieren. Sie brauchen Kraftquellen und Energiezapfsäulen, an denen Sie immer wieder auftanken können.

Sorgen Sie daher für Ihren eigenen SCHUTZ in Form einer

SCHeidungs-
Und
Trennungs-
Zeugin

Suchen Sie sich eine Trennungszeugin

Zur Hochzeit wird sie mit einem tiefen Gefühl der Freundschaft und des Vertrauens erwählt: die Trauzeugin. Diese Aufgabe schweißt zusammen, ist eine Ehre. Eine Trauzeugin bewundert neidlos zum x-ten Mal das Brautkleid, bestätigt, dass man die zwei abgenommenen Kilos ganz klar sieht, und hört immer und immer wieder zu, wenn die Braut davon schwärmt, was für ein Traummann der Zukünftige ist.

Suchen Sie sich auch zur Trennung eine solch wichtige, tief mit Ihnen verbundene Person. Sie werden sie brauchen. Eine Trennungszeugin bewundert zum x-ten Mal die neue Wohnung, bestätigt, dass man gut aussieht, obwohl man seit Tagen kein Auge zugemacht hat, und hört immer und immer wieder zu, wenn Sie sich beklagen, was für ein Idiot der Verflossene ist. Bei der Trennungszeugin geht es nicht mehr darum, irgendwelche Partys zu organisieren, auch wenn in Amerika der Boom für Scheidungspartys unaufhörlich ansteigt und dortige Kaufhäuser sogar schon die ersten »Scheidungsgeschenktische« anbieten. Ihre Trennungszeugin muss auch nicht mit vors Amt, um eine Scheidung zu bezeugen. Es geht vielmehr um einen liebevollen Menschen, der Ihnen nicht nur während des schönsten Momentes im Leben zur Seite steht, sondern auch in einem der schwersten. Am besten suchen Sie sich jemanden, der Sie sehr gut kennt und zu dem Sie ein offenes und gefestigtes Verhältnis haben. Denn ganz ehrlich: Monate nach der Trennung hat Ihr Umfeld nur noch selten Lust, immer nur das Gejammer zu hören. Andererseits werden Sie selbst immer wieder das Bedürfnis haben, genau das zu tun: jammern.

Welche Aufgaben hat eine Trennungszeugin?

> Zuhören, zuhören und noch mal zuhören, denn Sie müssen reden, reden, reden. Das Erlebte noch einmal zu schildern, die Gefühle offen auszusprechen, tut zwar manchmal weh, aber es heilt. Austausch ist Balsam für die Seele und Salbe für Ihre Wunde.

> Eine Trennungszeugin sollte Ihnen auch mal ordentlich die Meinung sagen können. Ihnen wird das vielleicht nicht gefallen, Sie werden es aber hin und wieder brauchen. Sie ist vielleicht noch so nett, die Eisbecher und Chipstüten des nächtlichen Selbstmitleidsanfalls zu verräumen, wird Sie dann aber antreiben. Manchmal wirkt ein strenges Wort und eine starke Hand Wunder. Lassen Sie es zu und fügen Sie sich. Sie werden froh darüber sein.

> Sie wird aber nicht nur Mauern einreißen, die Sie um sich errichtet haben, sondern auch Aufbauarbeit leisten. Nehmen Sie diese Hilfe an. Sie wird Ihnen nicht die Steine aus dem Weg räumen, Ihnen jedoch helfen, etwas Schönes und Neues daraus zu bauen.

> Sie wird Ihnen die Taschentücher und den Antrag fürs Fitnessstudio oder den VHS-Kurs reichen. Ihnen einen Reminder schicken, damit Sie die Termine auch tatsächlich wahrnehmen, und interessiert nachfragen, wie es so läuft.

> Und Ihre Trennungszeugin wird Ihnen im richtigen Moment aufzählen, was Sie schon alles erreicht haben. Nämlich dann, wenn Sie es selbst nicht mehr sehen. Dann, wenn Sie tief in der Schuttgrube sitzen und nicht mehr erkennen, was Sie schon alles bewältigt haben.

>>>>> **LICHTBLICK**

Das kann man von niemandem verlangen? Warum nicht? Was würden Sie tun, wenn Ihre beste Freundin eine schwere Lebenskrise hätte? Wären Sie dann nicht an ihrer Seite, würden Ihr Möglichstes tun, um ihr zu helfen? Ich gehe davon aus, Sie würden ohne zu zögern all die oben aufgelisteten Aufgaben übernehmen und wahrscheinlich noch mehr. Warum sollte dies also niemand für Sie tun wollen? Seien Sie bereit und nehmen Sie diese Hilfe an. Wenn es wieder bergauf geht, können Sie Ihre Freundin ja als Dankeschön zu einem besonders schönen Wochenende oder zum Wellness einladen. Eine passende Möglichkeit, um nach langer Durststrecke Danke zu sagen, findet sich bestimmt. Dies wird Ihnen beiden gewiss guttun.

Zurückblicken, zulassen, verarbeiten

Wer nach vorne kommen will, muss hin und wieder in den Rückspiegel blicken. Trauen Sie sich ruhig genauer hinzuschauen. Fragen Sie sich, was passiert ist und warum. Was hat Ihren Lebenstraum zum Einstürzen gebracht? Was war Ihre persönliche Abrissbirne?

Zuerst werden Ihnen wahrscheinlich die Fehler des Partners einfallen. Wenn er dies getan und jenes gelassen hätte, wäre es nicht so weit gekommen. Wenn er regelmäßig den Müll rausgebracht hätte, wäre Ihre Beziehung noch die, die sie einmal war. Diese Wut, dieser Zorn und das Erkennen der Fehler des anderen sind ein guter Gegenpol zum Schmerz, zur Liebe und Trauer, die Sie trotz aller Begebenheiten noch immer in sich tragen.

Doch früher oder später richtet sich der Blick auch auf sich selbst. Spätestens in einem Streitgespräch mit Ihrem oder Ihrer Ex, das grundsätzlich mit den Worten »Aber du hast ja schließlich …« beginnt. Widersprechen Sie einmal nicht, hören Sie einfach mal zu. Nehmen Sie die Vorwürfe ungefiltert auf und ihm / ihr somit den Wind aus den Segeln. Und dann denken Sie einmal in Ruhe darüber nach. Könnte er oder sie recht haben? Sie müssen das ja nicht offiziell bestätigen. Es reicht, wenn Sie sich Ihren eigenen Anteil am Scheitern der Beziehung eingestehen.

Nicht Sie sind gescheitert – Ihre Beziehung ist gescheitert.

Dies ist ein großer Unterschied und wird Sie davon abhalten, die alleinige Schuld ausschließlich bei sich selbst zu suchen. Die genauere Betrachtung der Vergangenheit soll schließlich nicht dazu führen, dass Sie noch tiefer in Selbstmitleid versinken. Damit stellen Sie Ihren Expartner auf ein Podest und ziehen sich selbst den plumpen Schuh der Schuld an. Es geht aber gar nicht um die Schuldfrage, sondern vielmehr darum, was Sie aus der Vergangenheit lernen können, um in der Zukunft gleiche Fehler zu vermeiden.

Wenn Sie nicht ehrlich zu sich sind, wer dann? Fragen Sie sich daher in einem ruhigen Moment und antworten Sie ehrlich zu sich selbst:

> Was hat unsere Partnerschaft aufrechterhalten?
> Habe ich meinen Partner so geliebt, wie er ist? Habe ich mich von ihm geliebt gefühlt, ohne mich verbiegen zu müssen?
> Konnte ich mich in unserer Beziehung entfalten? Habe ich meinem Partner die Möglichkeit dazu gegeben?
> Konnten wir über Gefühle, Probleme und schwierige Themen sprechen und dadurch Situationen klären?
> Hatten wir Gemeinsamkeiten, Vorlieben und Hobbys, die wir teilten?
> Liebe ich ihn noch immer oder fühle ich mich nur einsam? Will ich mein altes Leben zurück oder hänge ich dem Traum nach einer Familie nach?
> Bin ich ihm vielleicht irgendwann einmal für diese Trennung dankbar?

Die ehrlichen und vielleicht auch schmerzlichen Antworten auf diese Fragen werden Ihnen helfen, Ihre Partnerschaft wieder verhältnismäßig neutral zu sehen. Zumindest ohne Tränenschleier oder rosarote Brille. Denn Ziel ist doch, irgendwann Folgendes sagen zu können: »Ich fühl mich nicht mehr allein oder geschieden, ich fühl mich einfach normal.« (Ein Satz aus dem Film *Wenn Liebe so einfach wäre* mit Meryl Streep.)

Die Zeit, die Sie durchlebt haben oder vielleicht noch durchleben, ist schwer und schmerzlich. Der Volksmund sagt flapsig: »Was uns nicht umbringt, macht uns nur härter.« Solche Weisheiten setzen sich in der Regel durch, weil sie ein Fünkchen Wahrheit enthalten. Und jeder von uns hat mit Sicherheit schon eine schwere Situation überstanden. Sie haben es überlebt, auch wenn es sich in dieser Zeit nicht danach angefühlt hat. Und was noch wichtiger ist: Sie haben daraus gelernt und etwas für Ihre Zukunft mitgenommen. Wer aus seinen Erfahrungen lernt, baut das Fundament für ein besseres Leben. Wir müssen nur dazu bereit sein.

Kinder brauchen beide Elternteile

Wie schon gesagt: Es ist für unsere Kinder wünschenswert, wenn sich der Expartner auch weiterhin um sie kümmert. Sie brauchen den Kontakt, die Liebe, die Bestätigung. Was unseren Kleinen guttut, wird für uns jedoch hin und wieder zur Zerreißprobe. Wenn er unser Kind zurückbringt, stehen wir in einem Figur schmeichelnden Outfit in der Tür. Wir erklären, gerade erst nach Hause gekommen zu sein, was auch die neuen Stiefel an den Füßen begründet, auch wenn in der Wohnung sonst striktes Schuhverbot gilt. Wir putzen vor seinem Besuch die Wohnung so gründlich, wie es sonst nur unsere Mutter tut, und behaupten, es sehe immer so aus. Wir präsentieren unsere Vorzüge, wo es nur geht. Dabei würde jede gute Freundin empfehlen: Tu es nicht! Oder tun Sie diese Dinge, weil es Ihnen guttut, weil Sie sich in dem Outfit gefallen, weil eine saubere Wohnung auch Ordnung im Kopf schafft und nicht, weil Sie ihn beeindrucken wollen?

Für manche Leser und Leserinnen mag dies ein wenig absurd erscheinen, denn nicht immer ist der Kontakt zum anderen Elternteil gut und rege. Im Gegenteil, viele Eltern haben ein Problem damit, eben jenen Kontakt in angemessener Form umzusetzen. Nicht jeder Vater nimmt sein Recht auf Sorge und Umgang in Anspruch, sodass manche Mutter darum kämpfen muss, dass Vater und Kind sich sehen. In manchen Situationen sind regelmäßige Treffen schon aufgrund von Umzügen und weiten Entfernungen schlichtweg unmöglich. Versuchen Sie dennoch Treffen zu organisieren. Vielleicht können Sie sich auf halber Wegstrecke begegnen und somit auch emotional einen Schritt aufeinander zugehen. Vielleicht kann der Vater das Kind in den Ferien mal eine Woche zu sich nehmen, damit sich die weite Reise lohnt.

Ich möchte Sie ermutigen, kreative, individuelle Wege zu suchen, die in Ihrem ganz persönlichen Rahmen und unter den Bedingungen Ihrer Trennung möglich sind. Bleiben Sie am Ball. Versuchen Sie auch in dieser Situation die Differenzierung von Mutter/Vater und Mann/Frau zu schaffen. Sie müssen diesen Menschen nicht mehr lieben, Sie müssen nicht gutheißen, was er oder sie getan hat oder derzeit veranstaltet. Aber Sie müssen versuchen, den Kindern die Chance auf ihren anderen Elternteil und auch dessen Familie zu erhalten. Vielleicht schreiben Sie Briefe oder E-Mails, telefonieren und versuchen wenigstens hin und wieder ein Treffen zu arrangieren. Wirken Sie positiv auf Ihren ehemaligen Partner ein, um ihn auch zum Antworten zu bringen. In besonders schwierigen Fällen ist das Jugendamt behilflich und organisiert ein Treffen, welches bei Bedarf auch unter Aufsicht stattfinden kann.

Bevor man den Kontakt also vollständig abbricht, sollte man alles dafür tun, den Kindern eine Beziehung zu beiden Elternteilen zu ermöglichen, auch wenn deren Beziehung zueinander gestört ist. Kinder wollen früher oder später alle wissen, wer ihre Eltern sind. Geben Sie Ihren Kindern also nicht nur Flügel, sondern sorgen Sie auch für Wurzeln, Halt und Stabilität.

Bauen Sie eine Windmühle statt Mauern

Wenn der Wind der
Veränderungen weht, bauen
die einen Mauern und die
anderen Windmühlen.

Werden Sie zu einem Menschen, der eine Windmühle baut,
wenn der Wind der Veränderung weht. Lassen Sie sich antreiben
und hören Sie auf zu hadern. Nutzen Sie den Schub, den neuen
Antrieb.

Das können Sie nicht? Haben Sie es denn überhaupt schon
mal ausprobiert? Nein? Dann scheuen Sie beim nächsten Mal
nicht davor zurück. Nehmen Sie Anlauf und überwinden Sie die
Hürde. Wenn man aus eigener Kraft etwas schafft, wird uns
auch tief im Herzen klar: Wir wollen vielleicht einen Partner,
aber wir brauchen ihn nicht. Und erst dann sind wir fähig, eine
gleichwertige und ausgewogene Partnerschaft einzugehen, die
auf Liebe und nicht auf Bedürftigkeit basiert.

Doch bei allen emotionalen Baustellen, den vielen Löchern,
die es in Ihrer Fassade zu flicken gilt, gibt es auch einige prakti-
sche Aspekte, die wir nicht vergessen dürfen. Auch der Schutt
aus unserem Alltag muss abgetragen werden. Dabei gilt es
manchmal ganz nüchtern und pragmatisch vorzugehen.

Erschrecken Sie also nicht, wenn wir gleich über Anwälte,
Ihre Wohnsituation und Ihre Finanzen sprechen. Wer seine äußeren Angelegenheiten ordnet, sortiert auch sein Inneres. Gehen Sie es an. Holen Sie sich die Schubkarre. Sie ist gefüllt mit
Werkzeugen und Tipps. Sie müssen sie nur noch schieben.

Neues Leben, neuer Ring

Sie sind und bleiben Mutter, aber keine Ehefrau mehr. Zumindest nicht die Ihres Exmannes. Streifen Sie also auch den (unsichtbaren) Ehering ab. Nach der Trennung den Ehering abzulegen, ist mehr als das Abnehmen eines Schmuckstücks. Egal, ob Sie ihn in ein Schmuckkästchen legen oder in die Ecke knallen – auch wenn er von Ihrem Finger verschwindet, so bleibt noch länger ein sichtbarer und vor allem spürbarer Abdruck. Ich kenne eine Frau, die diesen Platz am Finger bewusst freiließ. Die den Verlust spürte und sich selbst versprach, einen neuen Ring zu kaufen, wenn es ihr besser ginge. Von ihrem eigenen Geld, nur für sich. Sie wählte das neue Schmuckstück mit Bedacht. Ging immer wieder aus dem Juweliergeschäft hinaus, weil es noch zu früh war. Es dauerte eine ganze Weile, aber irgendwann kam der richtige Zeitpunkt. Der Moment, um einen neuen Ring zu kaufen. Keinen Ersatz. Einfach einen neuen. Sie hatte es überstanden und war zu Recht stolz darauf.

Es sind nicht unsere Füße, die uns weiterbewegen – es ist unser Denken.

Chinesisches Sprichwort

Mütter allein zu Haus

Das tägliche Leben neu strukturieren

Alles, was recht ist

Wenn von heute auf morgen die Familie zerbricht, steht man erst einmal vor einem großen Scherbenhaufen und weiß nicht recht, wo man mit der Arbeit beginnen soll. Sie könnten jetzt Ihre emotionale Schubkarre vollladen und mal hier und mal da ein wenig Müll abtragen. Hin und wieder werden Sie, gemessen an den täglichen Bedürfnissen und Herausforderungen, auch genau dies tun müssen. Sinnvoller ist es jedoch, sich so schnell wie möglich einen Bauleiter zu suchen, der Ihnen beim Sortieren und Planen behilflich ist.

Vielleicht kennen Sie bereits einen Anwalt, haben jemand im Bekanntenkreis, der Ähnliches durchlebt hat und Ihnen eine Empfehlung geben kann. Fragen Sie nach, hören Sie sich um und informieren Sie sich. Sollten Sie keine Empfehlung haben, können Sie bei verschiedenen Netzwerken und Hilfsorganisationen Adressen und Telefonnummern von Anwälten in Ihrem Umfeld erfragen. Über manche Beratungsstellen werden sogar kostenfreie oder zumindest kostengünstige Erstberatungen angeboten, die sich auf jeden Fall lohnen. Darüber hinaus können Sie bei geringem Vermögen und Einkommen eine Prozesskostenhilfe beantragen. Dazu müssen Sie bereits zu Beginn des Verfahrens bei Gericht einen Antrag mit dem Namen »Erklärung über die persönlichen und wirtschaftlichen Verhältnisse« wahrheitsgemäß ausfüllen und einreichen. Diese finanzielle Hilfe wird dann gewährt, wenn Ihr Vermögen nicht ausreicht, um die zu erwartenden Kosten zu decken. Wer finanziell Schwierigkeiten hat, sollte diese Unterstützung auf jeden Fall in Betracht ziehen.

Suchen Sie rechtliche Unterstützung bereits ab dem Moment, in dem sich eine Trennung abzeichnet. Denn ein Anwalt oder eine Anwältin, dem/der Sie vertrauen, kann von Anfang an wertvolle Hilfestellung leisten. Hier bekommen Sie auf viele Ihrer Fragen konkrete Antworten. Schreiben Sie sich daher vor dem Gespräch auf, was Sie alles klären möchten: Wer muss ausziehen, wie werden die Güter getrennt, welchen finanziellen Anspruch haben Sie? Welche Rechte hat der andere, wie verhält es sich mit dem Sorgerecht? Was gilt es im Trennungsjahr zu beachten, welche Unterlagen benötigen Sie im Falle der Scheidung? Auch wenn Sie etwas Geld in die Hand nehmen müssen, so ist die Klarheit und Gewissheit, die Sie in mancherlei Hinsicht erlangen, diesen Preis wert.

Wichtig: Es gilt auch bei einvernehmlichen Scheidungen zu bedenken, dass der »gemeinsame« Anwalt eigentlich nur denjenigen vertreten darf, der ihn angeheuert hat. Wenn Sie also als Erste den Schritt gehen und den Kontakt mit einem Anwalt aufnehmen, wird er auch in Ihrem Sinne handeln und nicht versuchen, Sie über den Tisch zu ziehen. Eine gütliche Einigung und gemeinsame Absprachen sind auch später noch möglich.

Und vor allem: Suchen Sie sich einen guten Anwalt. Anwalt ist nicht gleich Anwalt. Arzt ist nicht gleich Arzt. Sie würden sich ja auch nicht vom Kieferchirurg das Herz operieren lassen. Warum sollte also ein Fachanwalt für Arbeitsrecht Ihre Scheidung gut durchboxen?

Gut vorbereitet ist halb gewonnen

Wenn Sie einen Beratungstermin vereinbart haben, sammeln Sie alle Informationen zusammen, die Sie dafür benötigen:

> Verdienstbescheinigungen von Ihrem Partner
> Verdienstbescheinigung von Ihnen selbst
> Bescheinigung über sonstige Einkünfte und Aufstellung von Vermögen, falls vorhanden
> gegebenenfalls Police der Rechtsschutzversicherung
> Ihre Frageliste, auf der Sie alles vorab notieren, was Sie wissen möchten

Vor dem Gang zum Anwalt sollten Sie keine Angst haben. Sie engagieren und zahlen ihn schließlich, müssen also nicht wie ein Reh im Scheinwerferlicht vor ihm stehen. Beratung, Information und das gute Gefühl von etwas Sicherheit wird Ihnen guttun. Bedenken Sie dabei bitte, dass ein Rechtsanwalt kein Psychologe ist. Er wird sie fachlich beraten und vertreten, nicht mehr und nicht weniger.

Wer wohnt wo?

Eine Trennung raubt uns viel Kraft. Daher suchen wir häufig nach einer schnellen und einfachen Lösung. Viele stellen demzufolge dem Partner irgendwann die gepackten Koffer vor die Tür und wechseln das Schloss aus. Trennung vollzogen. Wohnfrage geklärt. So einfach ist das aber leider nicht. Häufig helfen Schlüsseldienst und Polizei dem Partner beim Wiedereinzug. Ein Rausschmiss aus der gemeinsamen Wohnung (unabhängig vom eingetragenen Eigentümer oder Mieter) ist nicht zulässig. Sparen Sie sich daher die Mühe und versuchen Sie mit Ihrem Partner, eine friedliche und vor allem beidseitig akzeptable Lösung zu finden.

Das Gesetz sagt Folgendes (§ 1567 BGB Getrenntleben, Abs. 1):

»Die Ehegatten leben getrennt, wenn zwischen ihnen keine häusliche Gemeinschaft besteht und ein Ehegatte sie erkennbar nicht herstellen will, weil er die eheliche Lebensgemeinschaft ablehnt. Die häusliche Gemeinschaft besteht auch dann nicht mehr, wenn die Ehegatten innerhalb der ehelichen Wohnung getrennt leben.«

Eine offizielle Trennung ist also auch dann möglich, wenn Sie gemeinsam in der gleichen Wohnung bleiben. Theoretisch lassen sich die Bedingungen hierfür vermeintlich leicht umsetzen. Praktisch ist das Ganze im Alltag schon weitaus schwieriger. Die Herausforderung, sich ständig über den Weg zu laufen, die Eigenheiten des anderen weiterhin direkt vor der Nase zu haben, raubt Kraft und Energie. Aber genau die brauchen Sie jetzt. Überlegen Sie sich also gut, ob Sie nicht doch eine geeignetere Lösung finden. Dies gilt vor allem, wenn Sie mit Kindern leben. Wie soll ein Kind verstehen, dass Sie sich scheiden lassen, wenn Sie weiterhin liebevolle Eltern sind und in einer gemeinsamen Wohnung leben?

Grundsätzlich ist es die beste Lösung, wenn der Partner mit den Kindern in der ehemals gemeinsamen Wohnung bleibt. So erhält man den Kindern den ihnen bekannten und geliebten Wohnraum und Rückzugsort. Sie müssen sich schon an so viele Veränderungen gewöhnen, dass eine solche Einigung aus Kindersicht die heilsamste wäre. Auch wenn vieles Sie an die Vergangenheit erinnert: Eine Wohnung lässt sich leichter umgestalten, als Sie vielleicht denken – auch mit wenig Geld. Wenn Sie also finanziell in der Lage sind, die alte Wohnung auch alleine zu unterhalten, sollten Sie versuchen, eine dementsprechende Vereinbarung mit Ihrem Partner zu treffen. Dies bedeutet konkret, dass Sie bei einer Mietwohnung mit dem Vermieter sprechen müssen, um bei Bedarf den Mietvertrag auf Ihren Namen als alleinigen Mieter umändern zu lassen. Bei Wohneigentum ist es hilfreich, ein Beratungsgespräch bei der Bank zu vereinbaren und anschließend beim Anwalt eine gütliche Einigung auszuarbeiten.

Doch leider reicht das Geld oft nicht aus. Die Mittel, die der Familie zur Verfügung standen, bieten selten die Möglichkeit, zwei Haushalte finanziell zu versorgen. Die Praxis zeigt, dass häufig beide Seiten die gemeinsame Wohnung verlassen (müssen), um sich ein neues, finanzierbares Zuhause zu schaffen. Doch wie findet man eine neue Wohnung?

> Erkundigen Sie sich in Ihrer Gemeinde beim Sozial-, Wohnungs- oder Jugendamt über die Höhe der Mietkostenübernahme und mögliche Mietzuschüsse. Dort erhalten Sie auch Adressen und Telefonnummern von Wohnungsbaugenossenschaften und kommunalen sowie gewerblichen Großbauträgern.

> Wer sich finanziell eine neue Wohnung nicht leisten kann oder falls der Unterhalt nicht freiwillig gezahlt wird und eine Neuanmietung daher nicht möglich ist, kann sich an das Sozialamt wenden.

> Schalten Sie eine Anzeige. Manche Vermieter vermeiden den Ansturm auf eine selbst geschaltete Anzeige, indem sie lieber selbst auf Gesuche reagieren.

> Erzählen Sie in Ihrem Bekanntenkreis, in der Firma, im Verein von Ihrer Wohnungssuche. Oft werden Wohnungen wie auch Arbeitsstellen über Empfehlung und ohne Ausschreibung weitergegeben.

> Vielleicht bietet sich auch eine Wohngemeinschaft mit anderen Alleinerziehenden an.

Als ich mich mit meinem Sohn auf Wohnungssuche begab, stieß ich immer wieder an eine gläserne Decke. Ich suchte drei Zimmer in einer Region, in der sowohl Familien, Pärchen und sogar Geschäftsleute auf der Suche nach 3-Zimmer-Wohnungen waren. Eine Frau mit kleinem Kind, die gerade auf die Scheidung zusteuerte, machte einen unzuverlässigen Eindruck. Egal, ob ich es war oder nicht. Was, wenn der Mann mal den Unterhalt nicht mehr zahlt? Wer übernimmt dann die Miete? Wer hält die Wohnung in Schuss und vor allem den Garten? Wie will die das alles alleine finanzieren?

Zusätzlich zu den üblichen Gehaltsnachweisen und Kautionszahlungen bot ich deshalb eine Sonderkaution an. Drei Monatsmieten, die ich als Mietkaution auf ein separates Kautionskonto legte. Ich wusste schließlich, dass mein Vermieter niemals Anlass haben würde, an dieses Konto zu gehen. Und ihm verschaffte es Sicherheit. Heute weiß ich, dass diese Idee maßgeblich zum Erfolg bei der Anmietung unserer favorisierten Wohnung beigetragen hat. Und mein Unterbewusstsein erkennt, dass ich selbst im Notfall abgesichert bin und nicht von heute auf morgen mit meinem Kind auf der Straße stehe.

Hilfe? Ja, danke!

Der Umzug vom alten Leben in ein neues Zuhause wird noch einmal viele Emotionen freisetzen. Trauer, Wut, Verzweiflung und sogar Hass werden Sie in den ungelegensten Situationen treffen. Doch das ist gut so. Es ist ein Zeichen von Verarbeitung. Und auch wenn Sie sich nicht vorstellen können, dass Ihr Leben irgendwann noch einmal schön wird, während Sie in einem Berg aus Umzugskartons, Staub und Chaos unterzugehen drohen: Glauben Sie mir, es wird schon wieder!

Unser Problem ist häufig, Hilfe anzunehmen. Wenn 20 Leute

Ihnen anbieten, beim Umzug zu helfen, dann laden Sie diese am entsprechenden Tag bitte ein! Lieber zu viele Helfer als zu wenig. Keiner wird sich beschweren, dass er nur fünf statt 25 Kisten schleppen musste, und die Wahrscheinlichkeit, dass am Abend sogar schon alle Schränke, das Bett und die restlichen Möbel aufgebaut sind, erhöht sich drastisch.

Um einen reibungslosen Ablauf zu gewährleisten, können Sie mithilfe von Checklisten bereits vorab einiges auf die Beine stellen. Im Internet bieten viele Seiten vollständige Checklisten, Preisvergleiche und wertvolle Tipps an. Drucken Sie sich solche Listen aus oder holen Sie sich diese zum Beispiel bei der Deutschen Post. Dort erhält man zusätzlich zum Nachsendeauftrag wertvolle Informationen. Mit diesen Listen kann man beruhigt alles abarbeiten und vergisst weder, rechtzeitig den Telefonanschluss in der neuen Wohnung zu beantragen, Zählerstände abzulesen, noch einen Babysitter zu organisieren. Und damit Sie niemanden vergessen, ihn über die Adressänderung zu informieren, gibt es eine entsprechende Aufstellung gleich mit dazu.

Wenn alles geschafft, der Schlüssel und somit Ihr altes Leben übergeben ist, dann schmeißen Sie eine große Einweihungsparty zum Dank für alle Helfer. Es wird auch Ihnen guttun zu sehen, dass Sie nicht allein sind und es viele Menschen gibt, die an Ihrer Seite stehen.

Richten Sie sich nun endlich so ein, wie es Ihnen gefällt. Lila Wohnzimmer – bitte schön. Goldene Türgriffe – nur zu. Keinen Fernseher im Schlafzimmer – perfekt. Wälzen Sie Kataloge, bummeln Sie durch die Möbelhäuser. Zu teuer? Daran ist gar nicht zu denken? Stecken Sie nicht zu schnell den Kopf in den Sand. Schauen Sie sich um. IKEA, Flohmärkte und viele Läden machen eine günstige Ausstattung möglich. Vielleicht malen Sie Ihr motivierendes Lieblingszitat an die Wand, hängen das Bild eines Fußballers über den Schreibtisch Ihres Sohnes oder eines Ponys bei der Tochter übers Bett. Irgendwann werden Sie nach

Hause kommen und feststellen, dass es Ihr Zuhause ist, dass hier Ihr Wesen durch die Räume streift. Wie schön!

Wie steht's mit den Finanzen?

Klarheit und Überblick – bei Gefühlen und im täglichen Leben. Neben dem Umgang mit Ihren Gefühlen gilt es auch im praktischen Leben für Klarheit zu sorgen. Grundlage ist hier oft die finanzielle Ausgangsposition, denn ohne finanziellen Überblick lassen sich viele Entscheidungen nicht sinnvoll treffen.

Sie sollten sich also zuallererst eben jenen vollständigen Überblick verschaffen. Wie stellt sich Ihre Situation denn wirklich dar? Welche Gelder stehen Ihnen zur Verfügung? Womit können Sie rechnen, womit nicht? Wer nicht früher schon hin und wieder mal ein Haushaltstagebuch geführt oder Vermögensaufstellungen in eine Excel-Liste gepackt hat, sollte das dringend nachholen. Oft sind nämlich unsere Vermutungen weit von der Realität entfernt.

Wie hoch sind Ihr persönliches und das gemeinsame Vermögen?

Schreiben Sie alles auf, notieren Sie Kontostände und machen Sie Kopien von allen Unterlagen:

> Guthaben auf Sparbüchern
> Aktiendepots
> sonstige Kapitalanlagen
> gemeinsame Konten
> Wohneigentum
> Lebensversicherung und Ähnliches

Wie hoch sind Ihre monatlichen Einnahmen?

> Ihr Gehalt, Arbeitslosengeld oder Hartz IV
> vermögenswirksame Leistungen
> Kindergeld
> Unterhalt für Sie und das Kind
> sonstige Einnahmen
> mögliche Zuschüsse

Wie hoch sind die monatlichen Ausgaben?

Machen Sie sich eine Übersicht. Wenn Sie nicht wissen, wie viel Geld Sie benötigen, schreiben Sie Ihre Ausgaben für ein paar Wochen kontinuierlich auf. Wie viel geben Sie für was aus? Alles wird notiert. Zehn Kugeln Eis über den Monat verteilt sind vielleicht nicht viel pro Tag, summieren sich aber im Gesamtgefüge. Halbjährliche und jährliche Zahlungen wie beispielsweise Versicherungen, Kfz-Steuer und Ähnliches brechen Sie auf den einzelnen Monat runter. So erhalten Sie schnell einen realistischen Blick auf Ihre Einnahmen und Ausgaben und sehen auf Anhieb, wo Sie bei Bedarf noch sparen können.

Neues Leben, neues Konto

Wenn Sie noch über ein gemeinsames Konto verfügen, sollten Sie es nicht versäumen, sich umgehend ein eigenes einzurichten. Leiten Sie eigene Zahlungen darauf um und überweisen Sie gegebenenfalls die Hälfte des Geldes vom gemeinsamen Konto auf Ihr neues. Bedenken Sie dabei, dass Kosten für Haus und gemeinsame Schulden dennoch gedeckt werden müssen. Seien Sie aber auch nicht zu zurückhaltend. Ihr Partner wird es wahrscheinlich auch nicht sein. Widerrufen Sie Kontovollmachten, die Sie Ihrem Partner in guten Zeiten eingeräumt haben. So sichern Sie das Geld und Ihre Konten können nicht einfach leer geräumt werden. Gleiches gilt natürlich auch für Partner-EC-oder -Kreditkarten. Auch Ihre Steuerfreibeträge müssen Sie entsprechend neu aufteilen. Diese Details werden ähnlich gerne vergessen, wie den Partner in Versicherungspolicen als Begünstigten ändern zu lassen. Auch die Änderung von Patientenverfügungen und Testamenten fällt häufig dem Vergessen anheim.

Nachdem Sie den Ist-Stand Ihrer jetzigen finanziellen Situation erarbeitet haben, sollten Sie den Blick in die Zukunft richten. Was werden Sie benötigen, was steht Ihnen zu, wo können Sie bei Bedarf finanzielle Hilfe beantragen?

Geld macht nicht glücklich, aber …

Geld macht vielleicht nicht glücklich, es verringert jedoch um ein hohes Maß mancherlei Sorgen. Trennen sich Paare und vor allem Familien, ist das Thema finanzielle Absicherung häufig ein ganz wesentliches. Schnell geht es um Unterhalt und diverse Ansprüche.

Unterhalt
Beim Unterhalt gilt es bei Familien hauptsächlich folgende Arten des Unterhalts zu unterscheiden:

Kindesunterhalt: Das Unterhaltsrecht hat sich in den letzten Jahren stark verändert. Stabile Grundlage für den Kindesunterhalt ist jedoch noch immer die Düsseldorfer Tabelle. Die aktuelle Version ist jederzeit im Internet oder bei Ihrem Anwalt erhältlich (www.olg-duesseldorf.nrw.de). Je nach Gehaltsgefüge des Unterhaltszahlenden ergibt sich daraus die Höhe des Anspruches. Bedenken Sie bei der Berechnung des Kindesunterhalts, dass Sie nur Anspruch darauf haben, wenn der Lebensmittelpunkt und somit die Betreuung der Kinder mindestens zu 51 Prozent bei Ihnen liegen. Achten Sie also bei den Absprachen darauf, besonders wenn Sie die Aufteilung »Eine Woche Mama – eine Woche

Papa« planen. Denn wer sein Kind betreut, es ernährt, pflegt und erzieht, leistet sogenannten Naturalunterhalt und kommt damit seiner Unterhaltsverpflichtung bereits nach.

Unterhaltsvorschuss: Sollte für das unterhaltsberechtigte minderjährige Kind keine Zahlung erfolgen, können Sie eine staatliche Unterhaltsförderung nach Maßgabe des Unterhaltsvorschussgesetzes in Anspruch nehmen. Dieser Vorschuss wird maximal über einen Zeitraum von sechs Jahren gewährt und entlässt den Zahlungspflichtigen nicht aus seiner Verpflichtung. Damit das Kind jedoch zwischenzeitlich finanziell versorgt ist, können eben jene Vorschussanträge über das jeweilige Jugendamt gestellt werden. Die Ämter holen sich die vorgestreckten Gelder nach Möglichkeit beim zahlungspflichtigen Elternteil wieder zurück.

Trennungsunterhalt: Anspruch auf Trennungsunterhalt entsteht, wenn die Trennung zwar bereits vollzogen, eine Scheidung aber noch nicht rechtskräftig ist. Der wirtschaftlich schlechter gestellte Partner hat Anspruch auf diesen Trennungsunterhalt, und zwar unabhängig von den Gründen der Trennung. Die Höhe der Zahlung orientiert sich in dieser Phase noch an den Lebensverhältnissen während der Ehe. Dadurch soll unter anderem gewährleistet werden, dass die Entscheidungen nicht nur aus rein finanzieller Abhängigkeit getätigt werden. In groben Zügen kann man sagen, dass die Höhe des Anspruches bei ca. drei Siebtel des Nettoeinkommens liegt. Dabei ist sowohl das eigene Gehalt bei Erwerbstätigkeit beider Partner sowie gegebenenfalls Kindesunterhalt anzurechnen. Bei der genauen Berechnung ist Ihnen Ihr Anwalt oder eine Beratungsstelle ebenfalls gerne behilflich. Näheres hierzu auch unter www.rechner-unterhalt.de.

Nachehelicher Unterhalt: Durch die neue Gesetzeslage hat sich der Anspruch auf nachehelichen Unterhalt deutlich geändert und neue Voraussetzungen und Regelungen wurden eingefügt. Grundsätzlich wurde die Eigenverantwortung jedes Einzelnen betont, was für Frauen bedeutet, dass die Verpflichtung, in angemessenem Rahmen wieder selbst arbeiten zu gehen und somit die wirtschaftliche Lage zu sichern, stark gestiegen ist. Durch die Betonung der Eigenverantwortung ist die Zahlung des nachehelichen Unterhalts also nur mehr die Ausnahme und nicht mehr die Regel. Dies sollte bei allen Berechnungen und zukünftigen Entscheidungen unbedingt einkalkuliert werden. Die Zeiten, in denen Ehefrauen auch nach der Scheidung ein Leben lang durch die Zahlungen des Exmannes abgesichert waren, sind endgültig und zu Recht vorbei.

Häufig legt die finanzielle Sorge ihren ängstigenden dunklen Mantel um unsere Schultern. Wir fühlen uns klein und verschließen die Augen. Öffnen Sie hin und wieder Ihre Augen und werfen Sie den Mantel ab. Ich bin sicher, Sie sind reicher, als Sie denken. Denn wahrer Reichtum zeigt sich nicht auf unserem Konto. Geld beruhigt zwar, macht aber nicht ausschließlich glücklich. Wahrer Reichtum zeigt sich in den liebevollen Menschen, die Ihnen in dieser schweren Zeit zur Seite stehen. Und ich bin mir sicher, dass Sie mir zustimmen, wenn ich sage: Das Wertvollste, was wir in unserem Leben besitzen, sind unsere Kinder.

Wir denken selten an das, was wir haben, aber immer an das, was uns fehlt.

Arthur Schopenhauer

Und was machen Sie beruflich?

Wie Sie oben bereits beim Thema Unterhalt lesen konnten, haben beide Partner im neuen Unterhaltsrecht eine größere Eigenverantwortung und somit auch die Verpflichtung zur Erwerbstätigkeit auferlegt bekommen. Der Wiedereinstieg in den Beruf ist also meist unumgänglich. Wieder arbeiten zu gehen, bedeutet aber nicht nur, sich finanziell abzusichern, sondern auch

> das soziale Umfeld zu erweitern,
> Zukunftssicherung,
> Ablenkung vom Alltag,
> Bestätigung für das eigene Selbstwertgefühl.

Durch die Erwerbstätigkeit sichern Sie auch Ihre ganz persönliche Zukunft ab. Denn was passiert, wenn die Kinder einmal größer und damit selbstständiger werden? Was möchten Sie tun, wenn sie das Haus verlassen? Worin liegen Ihre beruflichen Ambitionen?

Trennungssituationen sind mit Sicherheit nicht die Momente, in denen man zuerst darüber nachdenkt, was man in beruflicher Sicht aus seinem Leben machen möchte. Aber warum eigentlich nicht? Je nachdem, welche Berufserfahrungen Sie bereits gesammelt haben, wie lange die Erziehungspausen waren, wie die derzeitige Kinderbetreuung abgesichert ist, wird sich auch die berufliche Ausrichtung anpassen.

Wenn Sie sich bisher um Kind, Mann und Haushalt gekümmert haben, sollten Sie sich dringend überlegen, wo und in welcher Form Sie Ihre Fähigkeiten einsetzen können. Was haben Sie vorher gemacht, was erlernt? Was können Sie besonders gut, worin liegen Ihre Stärken? Was wollten Sie schon immer mal tun, wie sieht Ihr Traumberuf aus?

Die letzte Frage mag Ihnen in Ihrer jetzigen Situation vielleicht absurd erscheinen. Aber wenn Sie schon immer mal große Werbekampagnen ausarbeiten wollten, wäre eine Tätigkeit am Empfang einer großen Werbeagentur mit Sicherheit zukunftsorientierter als die Büroassistenz bei einem Steueranwalt. Ja, Ihnen geht es jetzt vielleicht schlecht. Aber das muss ja in Zukunft nicht so bleiben. Wenn Sie nun eh schon Kraft, Zeit und vielleicht auch Geld aufbringen müssen, dann doch bitte für das, was Ihnen wirklich Spaß macht. Andererseits dürfen wir einen realistischen Blick auf den derzeitigen Arbeitsmarkt auch nicht durch die pastellfarbene Brille verzerren. Es wird nicht leicht und vielleicht kommen Sie nicht gleich ans Ziel. Aber Sie können dem Ziel ein Stückchen näherkommen. Schritt für Schritt.

Beruf und Privatleben – auch hier ist Trennung angesagt

Viele Frauen und Männer sind während der Trennungszeit verständlicherweise emotional angespannt. Die privaten Sorgen an der Bürotür abzugeben fällt oftmals schwer. Doch sollte man tunlichst vermeiden, die persönlichen Probleme zu weit mit ins Berufsleben zu tragen. Informieren Sie Ihren Vorgesetzten über Ihre derzeitige Situation, aber entschuldigen Sie sich nicht schon vorab, dass Sie vielleicht mal unpünktlich sein werden oder Ähnliches, weil Sie schließlich nun alles alleine organisieren müssen. Sie können jetzt beweisen, dass Sie ein Organisationstalent sind. Eine Mitarbeiterin mit besonderen Fähigkeiten und vor allem einem hohen Maß an Professionalität. Werden Sie nicht zur Jammerliese des Unternehmens, zur armen, verlassenen Ehefrau und Mutter, die selbst in ihrer Teilzeitarbeit nur noch teilweise ihre Leistung bringt. Das mag sich jetzt übertrieben anhören, aber genau so werden es viele auffassen. Haben Sie wahre Freunde in der Belegschaft gefunden, gehen Sie nach der Arbeitszeit mal gemeinsam einen Kaffee trinken. In der Kantine haben Ihre Probleme hingegen nichts zu suchen.

Der Arbeitgeber kann Ihnen aber grundsätzlich eine Hilfe bei der Neuorientierung sein. Dies sollten Sie nutzen. Lassen Sie sich ausrechnen, wie sich eine Änderung der Lohnsteuerklasse auswirken würde. Bei vielen Frauen ergibt sich dann eine nicht unerhebliche Steigerung des Nettolohns. Fragen Sie bei Ihrem Arbeitgeber auch nach, ob Sie Ihre Stundenzahl gegebenenfalls erhöhen oder im Notfall verkürzen können. Verhandeln Sie über Ihre Leistung und deren Umfang – und bitten Sie nicht um eine Gehaltserhöhung aufgrund der finanziell engen persönlichen Situation.

>>>>> **LICHTBLICK**

Eine kleine private Besonderheit habe ich mir an meinem Schreibtisch gegönnt. Unter meiner Schreibtischauflage liegt ein Schild, auf dem steht: »Für alle, die es noch nicht wissen: Wir Frauen sind Engel! Und wenn man uns die Flügel bricht, fliegen wir trotzdem weiter ... dann eben auf einem Besen. Wir sind ja schließlich flexibel!« Hin und wieder hebe ich die Matte hoch, lächle, beiße die Zähne zusammen und fliege weiter!

Kinderbetreuung

Wer wieder arbeiten geht, steht vor der Frage: Wohin mit den Kindern? Die Organisation der Kinderbetreuung ist meist unabhängig von der Tatsache, dass Sie nun plötzlich alleinerziehend sind, Sache der Mutter. Die meisten Väter haben aufgrund ihrer eigenen Berufstätigkeit selten die Möglichkeit oder Lust, sich um die Kinderbetreuung zu kümmern. Dennoch stehen Sie mit dem Problem nicht alleine da.

> Fragen Sie im Hort, in der Mittagsbetreuung oder im Kindergarten nach Unterbringungsmöglichkeiten. Wie lange kann Ihr Kind bleiben? Auch wenn Ihr Kind bisher immer

bei Ihnen zu Hause war, so kann das Zusammensein mit den anderen Kindern nicht nur sehr viel Spaß machen, sondern auch die sozialen Kompetenzen stärken. Die Kosten für die Unterbringung sind übrigens nicht im Kindergeld oder Kindesunterhalt enthalten, sondern müssen zu gleichen Teilen von den Eltern getragen werden. Sollte Ihr Kind bereits in eine Betreuungseinrichtung gehen, achten Sie darauf, dass Sie bei Bedarf die Abholberechtigung hinsichtlich der Großeltern ändern lassen.

> Nehmen Sie auch Ihren Expartner in die Pflicht. Zusätzlich zu den Wochenenden alle 14 Tage könnte er zu besonderen Ereignissen einspringen und die Betreuung der Kinder übernehmen. Schließlich ist er ihr Vater und auch während der Partnerschaft hat er wohl immer wieder mal alleine Zeit mit den Kindern verbracht und aufgepasst, während Sie unterwegs waren. Möchten Sie das nicht, dann schimpfen Sie später bitte nicht darüber, alles alleine machen zu müssen. Bedenken Sie außerdem, dass auch er Rechte und Pflichten hat.

> Ihr soziales Netzwerk: Höchstwahrscheinlich haben Sie bereits von Anfang an ein Netzwerk aus anderen Müttern und Familien gesponnen. Meist gibt es stets ein paar Freundinnen und Bekannte, die Kinder im gleichen Alter haben, oder neue nette Menschen, die man aufgrund des Nachwuchses kennenlernt. Genau diese Verbindungen gilt es nun ganz besonders zu pflegen und zu nutzen. Bei welchem Freund kann Ihr Kind nach der Schule mal spielen, damit Sie zum Vorstellungsgespräch gehen können? Welche Mutter nimmt die Tochter mit zur Reitstunde, um eine Teilnahme am Meeting Ihrerseits zu gewährleisten? Wann können Sie anderen unter die Arme greifen und beispielsweise Fahrgemeinschaften oder Ferienbetreuungen gründen?

> Informieren Sie sich über die Betreuungsmöglichkeiten vor Ort. Meist bekommen Sie im Rathaus wertvolle Hinweise.

Jugendzentren, Großelterndienste und anerkannte Babysitter können immerhin im Notfall eine willkommene Alternative sein. Dabei können Sie auch gleich klären, welche finanzielle Unterstützung die Gemeinde anbietet. Häufig werden Alleinerziehenden Vorteile und Vergünstigungen eingeräumt. Fragen Sie danach.

> Großeltern, Tanten, Onkel – wer immer behilflich sein kann und will: Sagen Sie mit einem dankbaren Lächeln: Ja! Und auch wenn Sie Ihre Schwiegermutter gerade nach der Trennung am liebsten in ihrem selbst gebackenen Kuchen begraben möchten, so machen Sie sich immer wieder klar, dass auch die Familie des Expartners das Recht hat, ihr Enkelkind zu sehen. Sie werden dem Kind in der Regel nicht schaden, im Gegenteil. Springen Sie hier also auch hin und wieder über Ihren Schatten und nutzen Sie die Chance. Es hilft Ihnen und Ihrem Kind.

Es gibt also viele Möglichkeiten, von denen sowohl Sie als auch Ihre Kinder profitieren werden. Scheuen Sie sich nicht, das eine oder andere einfach einmal auszuprobieren. Sie haben nichts zu verlieren und können doch im gleichen Atemzug viel gewinnen.

Es ist Zeit für Zeitmanagement

Viele Aufgaben, die im Familienalltag angefallen sind, werden Sie bisher schon selbst erledigt haben. Sie gehen meist nahezu unbemerkt von der Hand, haben einen eigenen Automatismus und Rhythmus entwickelt und fallen kaum noch auf. Man macht sie, weil sie gemacht werden müssen, weil es dazugehört und weil man Spaß daran hat. Plötzlich jedoch fallen sie uns auf, behindern unsere Abläufe, rauben uns Kraft und bringen uns ins

Straucheln. Ist der Partner weg, wird es auch Zeit für ein neues Zeitmanagement.

Diese Tipps können Ihnen bei der Organisation des Alltages helfen:

> Machen Sie kleine Schritte und gehen Sie jeden Tag einzeln an. Mehr schaffen Sie oft nicht. Wochen- oder gar Monatsplanungen können Sie irgendwo niederschreiben, um nichts zu vergessen und die belastenden Gedanken loszuwerden. Ein gemeisterter Tag ist ein guter Tag. Seien Sie stolz auf sich!

> Machen Sie Listen. Schreiben Sie auf, was Sie erledigen müssen, und versehen Sie die Dinge mit einem Datum. So geht nichts verloren und Sie haben den Kopf wieder frei.

> Achten Sie auf Zeitdiebe. Wer stiehlt Ihnen das wertvolle Gut Zeit? Wo gehen Stunden sinnlos verloren, ohne dass Sie etwas davon haben?

> Führen Sie einen Kalender, in dem auch die Termine Ihrer Kinder eingetragen werden. Das erleichtert den Überblick, vor allem wenn Vereine, Klassenfahrten und Arbeitszeiten kollidieren. Papa-Wochenenden und Ferienbetreuung lassen sich damit übersichtlich planen.

> Nutzen Sie die Hilfe der Kinder. Schon die Kleinsten können helfen und werden dadurch auf die Dauer zur echten Unterstützung mit Geschirr abtrocknen, Wäsche zusammenlegen, Tisch decken und abräumen, saugen und/oder den Müll rausbringen. Erziehen Sie Ihre Kinder von Anfang an zur Selbstständigkeit (das sollte übrigens nach Möglichkeit in jeder Familie der Fall sein). Größere Kinder können Besorgungen machen, bügeln, den Garten gießen, die Spülmaschine ausräumen, Betten beziehen, das eigene Zimmer aufräumen, Staub wischen ... Machen Sie doch einfach aus dem Hausputz einen Putzevent. Musik laut an, lustige selbst gebastelte Papierhüte auf und los geht's. Kinder sind stolz, wenn sie etwas beitragen können.

> Das große Reinemachen können Sie auch auf einen Tag Ihres kinderfreien Wochenendes legen. Meist belastet uns die ungewollte Freiheit zu Beginn der Trennung mehr, als wir sie zu schätzen wissen. Wer diese Zeit sinnvoll nutzt und zusätzlich noch sein Umfeld ordnet, schafft nicht nur Sinn und Klarheit in den Dingen, die uns umgeben, sondern auch in seinem Kopf.

> Sorgen Sie für eine gesunde Mischung. Erledigen Sie eine Sache pro Tag, die Sie vor sich herschieben. Etwas, das getan werden muss. Das Gefühl hinterher ist unglaublich befreiend und stärkt. Belohnen Sie sich dann mit etwas, das Ihnen guttut und Spaß macht. Gehen Sie zum Beispiel zum Friseur, machen Sie Sport oder wenigstens einen Spaziergang in der Sonne. Bewegung ist gut für die Gesundheit, die Figur und das Selbstwertgefühl.

Kinderzeit

Sie haben jetzt jede Menge zu tun. Dinge, die erledigt werden müssen. Dinge, die Sie für sich wiederentdecken. Bei all der Planung und Organisation vergessen Sie bitte nie Ihre Kinder. Strukturieren Sie Ihr Leben daher am besten durch Rituale. Das gibt den Kindern in dieser unsicheren Lebensphase Halt und hilft auch Ihnen. Wiederkehrende Tätigkeiten bilden so die Fixpunkte im Alltag und schaffen dadurch Sicherheit. Schön ist es, wenn Sie Rituale aus der Vergangenheit übernehmen und mit neuen ergänzen können.

Sie haben keine Zeit? Nehmen Sie sie sich! Jetzt erst recht. Kinder brauchen Liebe und Zeit, Aufmerksamkeit und eine Stütze. Und die gemeinsame Zeit ist auch für Sie von unschätzbar großem Wert. Lassen Sie sich von der Leidenschaft der Kinder anstecken. Für Kinder ist der Käfer, den Sie gerade auf dem Handrücken balancieren, weitaus wichtiger als Ihre Steuererklärung. Lassen Sie sich von Ihrem Kind an die Hand nehmen und entdecken Sie die Welt aus seiner Sicht. Wann sind Sie das letzte Mal mit Spaß durch alle Pfützen der Siedlung gesprungen? Haben einen Wettbewerb im Regenwasserspritzen veranstaltet? Eine Mohrenkopfschlacht am Küchentisch erfolgreich verloren? Gebalgt, gekabbelt, sich mit Decken unter dem Tisch versteckt oder einfach nur richtig albern gelacht? Genießen Sie die Zeit mit Ihren Kindern und kreieren Sie Zaubermomente.

Lernen Sie sich Zeit zu nehmen, um zuzuhören. Sei es im abendlichen Gebet, nach dem Abholen im Auto, wo auch immer. Geben Sie Ihrem Kind die Möglichkeit, mit Ihnen zu reden, und vor allem: Hören Sie gut hin. Sie brauchen beide die Bindung und die Chance, aufeinander einzugehen.

Das macht Ihr Leben und Ihre Zeitplanung leichter:

> Leben Sie im Heute, nicht in der Vergangenheit!
> Setzen Sie Ihre Prioritäten neu.
> Lassen Sie auch mal fünf gerade sein.
> Entdecken Sie etwas Neues. Machen Sie die Dinge einmal anders. Probieren Sie was aus.
> Überprüfen Sie Ihre Ansprüche. Ist das, was Sie tun, wirklich wichtig? Macht es Ihnen Spaß?

Sagen Sie auch mal Nein!

Wenn Sie Ihr Zeitmanagement neu organisieren, dann verabschieden Sie sich bitte an dieser Stelle gleich von dem Gedanken, es allen recht machen zu müssen. Sie brauchen jetzt all Ihre Zeit und Kraft. Und wenn Sie sich in diesem Jahr mal nicht zum Elternbeirat aufstellen lassen (bedenken Sie bitte, dass Sie für jede Sitzung höchstwahrscheinlich einen Babysitter benötigen), werden Sie feststellen, dass die Bedürfnisse der Kinder dennoch erkannt und umgesetzt werden. Wenn Sie mal keine drei Kuchen für den Basar spenden, wird keiner motzen. Wenn Sie nicht die Wasserbombenstation beim Kinderfest betreuen, wird es eine andere Mutter tun. Wer freundlich eine Anfrage ablehnt, erfährt selten so viel Ablehnung und Missgunst, wie er erwartet. Es ist es wert, es einfach einmal auszuprobieren. Sparen Sie Ihre Ressourcen für die wirklich wichtigen Dinge auf. Sie tun gewiss noch genug für andere.

Kraft und Durchhaltevermögen

Stark sein bedeutet nicht,
nie zu fallen.
Stark sein bedeutet,
immer wieder aufzustehen.

Wenn Sie all das organisieren, eine Liste nach der anderen abarbeiten und mit Ihren Emotionen kämpfen, kommen Sie irgendwann an den Punkt, an dem Sie sagen: »Ich kann nicht mehr.« Dieser Satz ist ein ständiger Begleiter in Phasen der Trennung. Überforderung, Unsicherheit, hohe emotionale Belastungen fressen unsere Kräfte auf. Zwar haben wir schon längst verstanden, was passiert ist, sehen vielleicht auch die guten Aspekte der Situation. Doch auch wenn der Verstand noch so schnell ist, unser Herz braucht Zeit.

Ich saß eines Abends heulend auf dem Sofa und bemitleidete mich bereits seit über einer Stunde. Im Fernsehen lief unser Hochzeitsvideo (wenn Trennungsschmerz, dann doch bitte richtig), auf dem Tisch stand der leere 500-Milliliter-Becher vom Lieblingseis und im nahen 5-Meter-Kreis verteilten sich wüst zerknüllte Taschentuchknödel. Wahrscheinlich hätte ich so lange heulend auf der Couch gesessen, bis mich die weiße Taschentuchlawine endlich bedeckt hätte.

Doch rechtzeitig davor klingelte das Telefon. Ich meldete mich mit einem beherzten Schluchzer. Wenige Minuten später stand meine beste Freundin mit einer Flasche Prosecco vor der Tür. Während ich weiter daran arbeitete, meine Taschentuchvor-räte aufzubrauchen, berichtete ich von meinem Trennungs-schmerz. »Ich kann nicht mehr. Ständig muss ich stark sein, meine Kraft aufbrauchen, aber ich will nicht mehr stark sein müssen.« Da sah sie mich an und stellte mir die für mich ent-scheidende Frage: »Wozu brauchst du denn dauernd so viel Kraft? Wieso musst du denn ständig stark sein?« Mit einem Mal versiegten die Tränen und ich begann nachzudenken. Ja, wozu denn eigentlich? Für wen musste ich stark sein? Wenn ich jam-merte, dass ich alles alleine organisieren müsse, wies sie mich darauf hin, dass ich dies während meiner Ehe auch getan hatte. Und zwar gerne! Wenn ich klagte, dass ich mich so alleine fühlte, sobald der Kleine im Bett war, machte sie mir deutlich, wie viele Mütter gerne mal so viel Zeit für sich hätten und nur von der Chance zur Selbstverwirklichung träumen können. Wenn ich über zu viele Verpflichtungen jammerte, fragte sie mich, warum ich mich dann freiwillig als Jugend-Co-Trainerin gemeldet habe. Im Grunde war es egal, um was es ging. Entscheidend war, dass sie mir stets die positive Seite an meiner vermeintlich kraftraubenden Situation aufzeigte. So spendeten die einzelnen »Baustellen« plötzlich Energie, statt stets welche abzuziehen.

Krise als Chance

> Krise ist eine Chance, die auf
> gefährlichem Winde reitet.
>
> Chinesisches Sprichwort

Wer eine Krise nicht nur als Problem sieht, sondern darin auch die Herausforderung und vor allen Dingen die eigene Chance erkennt, wird über kurz oder lang davon profitieren können. Ich weiß sehr gut, dass man nicht jeden Tag als neue Chance sieht. Manchmal verflucht man ihn einfach – sowohl den Tag wie auch den ehemaligen Partner. Sich unter die Decke verkriechen, einfach liegen bleiben, wären willkommene Optionen. Wer will schon Wände streichen, wenn er vor lauter Tränenschleier kaum klar sehen kann. Die neue Wohnung ist nicht gewollt. Genauso wenig der neue Job, die Trennung an sich und die gesamte restliche Situation. Chaos statt Chance.

Es geht in diesem Buch nicht darum, Sie mit übertriebenem positiven Denken ins amerikanische »You can get it, if you really want« zu treiben. Ihnen einzureden, dass Sie alles erreichen können, wenn Sie es nur wollen. Ich zeige Ihnen jedoch ganz bewusst die positiven Aspekte Ihrer momentanen Situation. Denn ich bin sicher, die negativen kennen Sie selbst gut genug. Würde ich Sie beispielsweise bitten, auf einem Blatt zu notieren, was Ihnen derzeit nicht gefällt, was schlecht läuft, sie hemmt und ärgert, wäre die Liste in null Komma nichts voll. Was ist aber mit all den schönen Dingen? Würden die ebenso schnell aufs Papier fließen?

Legen Sie eine »gute Liste« an. Sie werden beim Lesen dieses Buches immer wieder auf positive Gedanken stoßen, etwas tatsächlich als gut und eine Teilsituation als Glück bezeichnen. Schreiben Sie das auf. Lesen Sie täglich diese gute Liste durch und ergänzen Sie, was Ihnen Gutes begegnet ist, was Spaß gemacht hat oder wenigstens einen kleinen Lichtblick in Ihr Leben zauberte. Machen Sie sich zusätzlich dazu bewusst, dass Sie in Ihrem Leben bestimmt schon einige schwere Situationen überstanden haben. Am Ende sind Sie heil und vielleicht sogar gestärkt daraus hervorgegangen.

Erinnern Sie sich zum Beispiel an Ihren ersten Liebeskummer? Nie wieder würden wir jemanden so sehr lieben können (geschweige denn, dass uns noch einmal jemand so lieben würde). Wir wollten am liebsten sterben, nie wieder in die Schule, waren sicher, den Rest des Lebens unglücklich und einsam zu sein. Kommt Ihnen das irgendwie bekannt vor? Und mal Hand aufs Herz: Wie übertrieben erscheint uns das im Rückblick? Was Sie als Teenager überlebt haben, werden Sie auch als Erwachsener überstehen!

Es gibt immer jemanden, dem es besser geht. Aber es gibt auch immer jemanden, dem es schlechter geht. Also machen Sie das Beste aus Ihrer eigenen Situation, seien Sie froh über das, was Sie haben.

Nun lehnen Sie sich bitte einmal einen Moment zurück. Schauen Sie sich an, was Sie schon geschafft haben. Wie weit Sie gekommen sind. Denken und erkennen Sie: *Sie* sind die wichtigste Person, um sich *selbst* zu helfen. Nur Sie können Ihr Selbsterhaltungsprogramm aktivieren, um sich und Ihr Leben in eine stabile Bahn zu bringen.

Getrennt und doch noch verbunden

Eltern bleiben trotz Trennung

Wir können noch so sehr unter der Trennung leiden, den Mann unseres Lebens verloren oder den Tyrann endlich verlassen haben, die wirklich Leidtragenden sind am Ende immer die Kinder. Sie verstehen selten, was in uns vorgeht. Wir verstehen es ja oft selbst nicht einmal. Sie kennen meist die Ursachen nicht. Und selbst wenn sie sie kennen, wird es sie nicht davon abhalten, die Schuld doch immer wieder bei sich selbst zu suchen. Dies ist für viele Paare ein Grund, sich erst gar nicht zu trennen. Die Kinder sollen nicht leiden, sich nicht die Schuld geben und so wenig Schaden wie möglich davontragen. Wer aber hofft, nur mit der Kraft des Kindes die Familienbande wieder kitten zu können, hofft meist vergeblich. Genauso wenig, wie eine provozierte Schwangerschaft eine zerbrechende Ehe auf Dauer retten kann, genauso wenig sollten Kinder zu einem späteren Zeitpunkt als alleinige Bindemittel herhalten.

Die Auswirkungen unserer Entscheidungen in Bezug auf den Nachwuchs genau durchzugehen, es ihnen zuliebe vielleicht noch einmal zu probieren, ist gewiss nicht falsch. Es gehört jedoch viel mehr dazu als die bloße Existenz der Kinder. Die Beziehungsarbeit beider Elternteile kann nicht durch die Anwesenheit von Kindern ersetzt werden. Viele scheinen jedoch noch immer an diese Milchmädchenrechnung zu glauben und bürden damit dem Nachwuchs eine unglaubliche Last auf. Was glauben Sie, wie es sich anfühlen würde, wenn Ihnen jemand die volle Verantwortung für das Glück eines anderen oder gar mehrerer geliebter Menschen auferlegt? Die meisten würden unter der Last zerbrechen, in die Knie gehen und vermutlich nicht mehr aufstehen. Wie sollen Kinder unter diesen Umständen dann fröhlich durch die Gegend hüpfen und sich ihres Lebens und einer ungezwungenen Kindheit erfreuen? Richtig: gar nicht. Glauben Sie also wirklich, ein Kind hat es in einem Zuhause gut, in dem die Eltern sich nicht mehr verstehen, womöglich ständig vor den Kindern streiten oder aber sich und der Umwelt eine heile Familie vorspielen?

Als mein Exmann und ich uns trennten, sah und hörte ich dennoch plötzlich in jedem Interview etwas von Scheidungsopfern. Ja, »Opfer«. Sie sprachen davon, wie traumatisch die Trennung ihrer Eltern für sie war. Wie sehr sie unter der Scheidung gelitten hätten und wie stark diese Erlebnisse ihr heutiges Leben prägen würden. Schon von Geburt an wollte ich stets nur das Beste für mein Kind. Habe alles gegeben, für sein Wohlergehen gesorgt. Und nun sollte ich ihm etwas antun, was ihn sein ganzes Leben negativ beeinflussen würde? Trotz der aufsteigenden Panik, die sich in diesem Moment wie zähflüssiger Sirup mit den restlichen Gefühlen vermischte, wusste ich nicht, wie ich es hätte verhindern können. Also musste ich einen anderen Weg finden, ein Zurück gab es schließlich nicht mehr. Ich brauchte einen neuen Pfad. Einen, der weniger steinig, anstrengend und schmerzvoll für mein Kind werden würde. Ich würde die Seilschaft anführen. Den Weg ebnen, Probleme umgehen oder gekonnt überbrücken, Steinschläge abfangen und eine Brücke über den reißenden Fluss der Gefühle bauen. Ich musste es tun. Für mein Kind – und für mich. So hatte ich wieder eine Aufgabe. Etwas, das mich von meinem eigenen Schmerz ablenkte und mir das Gefühl vermittelte, wenigstens etwas Gutes zu tun. Und zwar gleich.

Denn wie Kinder eine Scheidung verarbeiten, hängt nicht nur davon ab, ob wir uns vor ihnen streiten oder gar den Umgang verweigern. Es beginnt schon weit vor der Trennung, geht über den Prozess des Abschiedes hinaus bis hin zum Verhalten nach der Auflösung der Familiensituation an sich.

Bereits unser Verhalten in den Wochen und Monaten vor der Trennung prägt unsere Kinder. Streiten wir uns laut, offen und heftig vor ihnen, gerät die stabile Familie schon weit vor dem eigentlichen Zusammenbruch ins Wanken und bekommt empfindliche Risse. Streiten wir jedoch nur ganz verdeckt, spielen wir heile Welt und schirmen unsere Kinder vor Auseinandersetzungen völlig ab, verhindern wir nicht nur, dass sie eine gesunde Streitkultur anhand familiärer Vorbilder erlernen. Nein, wir entziehen ihnen auch von jetzt auf gleich den festen Boden unter den Füßen, wenn wir ihnen plötzlich erzählen, dass der Papa morgen ausziehen wird. Es wird noch schwerer zu erklären, warum man nicht einfach zusammenbleiben kann. Schließlich hat man sich noch nicht einmal gestritten. Und selbst wenn, dann muss man sich eben wieder vertragen. So macht man das doch. Wir selbst haben dies unseren Kindern beigebracht.

Interessant ist auch folgender Gedankengang: Jeder möchte vermeiden, dass Kinder die Leidtragenden sind. Sie sollen es gut haben, in einem stabilen Familiengefüge aufwachsen. Vermeintliche »kleine Streitereien« werden da schnell als Familienalltag abgetan und unachtsam wie eine unaufgeräumte Sporttasche zur Seite geschoben, Hauptsache, man ist eine Familie. Dabei befinden sich die Kinder bereits in diesen Momenten in unglaublichen Loyalitätskonflikten. Wem gebe ich recht? Muss ich jemandem recht geben? Hat der andere mich dann nicht mehr lieb? Warum fragen sie jetzt ausgerechnet mich, wie ich mich bei dieser Sache entschieden hätte? Ist Papa jetzt sauer, wenn ich ihm nicht zustimme? Weint Mama, weil ich mich am liebsten raushalten würde? Die Gedanken der Kinder kreisen oft schneller als ein Kettenkarussell auf dem Rummel. Dabei wird häufig davon ausgegangen, dass eine Trennung das eigentliche Übel ist. Sieht und hört man aber mal genauer hin, dann tauchen plötzlich erstaunliche Aussagen auf, die man so wahrscheinlich nicht erwartet hätte, die uns allen aber ein bisschen Angst nehmen können.

Dass Kindern eine liebevolle Familie, in der sie sich geborgen und sicher fühlen können, am liebsten wäre, ist selbstverständlich. Doch neben all dem Verlust haben Kinder und Jugendliche oft ganz erstaunliche Ansichten. Denn neben dem Bedürfnis nach Liebe steht das Vermeiden von Schmerz auf der Überlebensskala ganz weit oben. Daher sind folgende Aussagen vielleicht im ersten Moment verwunderlich, aber schnell verständlich. Denn das sagten Scheidungskinder in Gesprächen über die Trennung ihrer Eltern:

»Es war schon ganz gut, dass meine Eltern sich getrennt haben. Hätten die sich heute an einer Bar kennengelernt, hätten sie sich vielleicht gegrüßt, aber nie lange miteinander gesprochen. Sie sind einfach zu unterschiedlich.« (Maria, 17)

»Ich habe jetzt zwei Papas und zwei Mamas. Ich finde das toll.« (Luis, 5)

»Irgendwie ist jetzt alles ruhiger.« (Ann-Katrin, 9)

»Eine Familie wäre mir schon lieber. Aber das ging ja nicht. Trotzdem weiß ich, dass Mama und Papa mich lieb haben. Das ist ein schönes Gefühl.« (Vera, 10)

»Zu Hause gab es jeden Abend Stress. Jetzt ist nur noch alle zwei Wochen Stress.« (Felix, 12)

Natürlich sind das nur Einzelaussagen, die keine Gesamteinschätzung der Gemütslage zulassen. Trotzdem tut es gut zu hören, dass die Kinder auch positive Aspekte sehen und fühlen. Sie nehmen nicht nur Schaden, sondern können in der Tat auch ein wenig von der Trennung profitieren. Eine funktionierende Familie wäre natürlich wünschenswert, dennoch gibt es auch bereichernde Seiten:

> Kinder werden dadurch teilweise aus »Streitfamilien« befreit.
> Sie werden selbstständiger und lernen früher, auch Verantwortung zu übernehmen.
> Kinder lernen: Mama kann, was Papa kann. Und umgekehrt. Dadurch werden Stereotypen aufgespalten, das bietet Entfaltungsmöglichkeiten. Kinder erhalten zusätzlich dazu Vertrauen in die eigenen Fähigkeiten.

Intuition – mehr als ein Gefühl

Wir erhalten schnell den Eindruck: Wie man es auch macht, es ist immer falsch. So aussichtslos ist es jedoch gar nicht. Wir müssen nur rechtzeitig auf unser Gefühl hören. Unsere Instinkte zulassen und unseren Intuitionen folgen. Meist fällt uns das leider sehr schwer. Wir lesen Bücher wie dieses und hoffen, darin die ultimativen Lösungen zu finden. Rezepte, an die wir uns Zutat für Zutat, Gramm für Gramm halten können. Einen Leitfaden, der uns selbst durch diese schwere Zeit führt. Viele Anregungen, Hinweise, Ratschläge und Denkanstöße können uns helfen. Ohne unser ureigenes Gefühl und die Fähigkeit, individuell auf unsere Situation und unsere Kinder einzugehen, fehlt uns jedoch ein wesentlicher Bestandteil, um unser Leben zu meistern.

Hören Sie immer öfter auf Ihr Gefühl. Was sagt Ihr Herz, Ihr Bauch, Ihre Seele? Trainieren Sie, auf dieses Gefühl zu hören. Unser Alltag bietet ständig passende Trainingseinheiten. Jede Situation, in der Sie »Eigentlich sollte ich …« sagen, kann als Schulungseinheit dienen. »Ich sollte eigentlich die Einladung annehmen, statt die Steuerunterlagen zu sortieren«, »Eigentlich sollte ich den Vertrag vom Fitnessstudio kündigen«, »Ich sollte eigentlich mit meinen Kindern öfter ins Schwimmbad fahren«. Was hindert Sie? Welche Argumente gibt Ihnen Ihr Kopf vor und was hält der Bauch an Gefühlen dagegen? Bekommen Sie im wahrsten Sinne des Wortes ein Gefühl für sich und Ihr Leben. Wer seinen Kopf ab und an mal ausschaltet, wird staunen, was sich plötzlich alles bemerkbar macht. Und dann folgen Sie Ihrem Gefühl. Wenn Sie sich nicht trauen, dann üben Sie in Momenten, in denen eine Fehlentscheidung keine dramatischen Konsequenzen hat. Ich bin sicher, Sie treffen die richtige Entscheidung. Sie haben alles, was Sie brauchen, in sich. Die Antworten Ihrer Fragen stecken bereits in Ihrem Inneren. Trauen Sie sich!

Um ehrlich zu sein, hatte ich lange Zeit diese Instinkte, dieses Urgefühl verloren. Wobei »verloren« vielleicht das falsche Wort ist. Ich hatte sie verdrängt. Begraben unter all dem Schutt unserer zertrümmerten Familie. Ich hätte sie ausbuddeln können, klar. Doch ich hatte Angst. Angst vor dem, was dabei noch ans Tageslicht gelangen könnte. Angst vor all den anderen Gefühlen, die ich hätte zulassen müssen. Ich schreibe Ihnen dies, weil ich glaube, dass es vielen Menschen so geht. Weil ich erlebt habe, wie schwer es ist, wieder auf Bauch und Herz zu hören. Weil ich Ihnen Mut machen möchte.

Fangen Sie an zu graben. Nicht mit schwerem Gerät, das alles erneut ins Wanken bringt. Gehen Sie behutsam vor mit sich. Stück für Stück, Stein für Stein. Suchen Sie sich glänzende Scherben, bunte Stücke, mit denen Sie etwas Positives verbinden. Erinnern Sie sich zurück an die Gelegenheiten, in denen Sie instinktiv das Richtige getan haben. Wissen Sie noch, wie Sie bereits am Schreien Ihres Kindes erkannten, was genau es gerade brauchte? Wie Ihre Instinkte Sie führten? Kennen Sie die Momente, in denen Sie bereits bei der Begrüßung am Telefon wissen, dass es Ihrer besten Freundin nicht gut geht? Erinnern Sie sich an den tiefen Blick in die Augen eines geliebten Menschen, in denen man seine Wünsche ablesen konnte, ohne ein Wort sagen zu müssen? Sie haben all diese Fähigkeiten, diese Liebe, dieses Feingefühl tief in sich. Sie müssen nichts neu erlernen. Sie müssen es nur wiederfinden. Denn ab dem Zeitpunkt, ab dem wir unser Herz wieder an unserem Leben teilhaben lassen, handeln wir im Einklang mit uns. Und dadurch auch mit unseren Kindern.

Wer sein eigenes Gefühl verspürt,
erkennt auch die Bedürfnisse anderer.
Wer auf sich selbst achtet,
achtet auch seine Nächsten und wird beachtet.

Lassen Sie sich von Ihrem Gefühl leiten. Spüren Sie, wie die harten Argumente weichen. Es wird Ihnen guttun, Ihr Kind in die Arme zu schließen und sich zu öffnen. Die Wärme zu verspüren, die Sicherheit, das Richtige zu tun. Denn es kommt oft nicht nur darauf an, dass Ihre Pro- und Kontraliste die Richtigkeit Ihres Verhaltens bestätigt. Es muss sich auch »richtig anfühlen«.

Diese Intuition wird uns auch davon abhalten, unseren Kindern zu viel zu erklären. Wir neigen heutzutage grundsätzlich dazu, viel zu viel und viel zu oft zu begründen. Statt einem klar gesetzten Nein hagelt es Begründungen, die uns und unsere Kinder zermürben. Wir erklären, diskutieren, verhandeln, beschreiben, schimpfen und argumentieren ohne Unterlass. Hin und wieder sind ein paar wenige, dafür aber zielgerichtete und wohlüberlegte Worte viel wesentlicher. Ein »Weil ich es nicht will« oder »Weil ich es sage« ist dann viel wirkungsvoller. Nicht weil Ärger droht, sondern weil es in dem Moment ehrlich und authentisch ist und genau dies auch bei den Kindern ankommt. Wählen Sie Ihre Worte gut und achten Sie darauf, dass Sie auch verständlich sind. Je nach Alter fällt die Wortwahl verständlicherweise anders aus. Frauen neigen dazu, zu rechtfertigen. Meist jedoch nicht, um den Kindern etwas verständlich zu machen, sondern unterbewusst sich selbst: um es selbst besser zu begreifen, was da im eigenen Leben eigentlich gerade vor sich geht. Klären Sie die Dinge daher vorab mit sich und Ihrem ehemaligen Partner. Werden Sie sich bewusst darüber und wählen Sie erst dann den Kindern gegenüber die passenden Worte.

Szenen einer Trennung

Beim abendlichen »Ins-Bett-bring-Ritual« verlor ich einmal die Nerven. Ich konnte es einfach nicht mehr hören: Papi hier, Papi da. In der Regel achtete ich stets darauf, nicht schlecht über seinen Vater zu sprechen und meine Wut und Enttäuschung für mich zu behalten. An diesem Abend jedoch reichte es mir und es platzte heraus: »Nun ist aber gut. Dein Vater hat uns verlassen und wir müssen jetzt eben zu zweit klarkommen.« Da staunte mein Kleiner nicht schlecht, fing sich aber schneller wieder, als ich dachte. »Papa hat nicht *uns* verlassen, er hat *dich* verlassen.« Wow, das saß noch mehr als mein Ausspruch! Vor allem, weil die Antwort ganz ruhig und sachlich über seine weichen Kinderlippen huschte.
Diese Worte aus dem Mund eines Siebenjährigen haben mich im ersten Moment schockiert und tief getroffen. Mir blieb die Luft weg, ich wusste darauf nichts mehr zu sagen. Das hatte

zwei Gründe. Erstens: Mein Sohn sollte sich nicht mit solchen Themen befassen müssen. Er sollte spielen, träumen lachen, nicht aber über die Trennung der Eltern nachdenken müssen. Zweitens: Er hatte recht. Diese Erkenntnis tat am Anfang sehr weh. Heute bin ich froh und dankbar, dass mein Sohn diese Tatsache schon so früh verstanden und verinnerlicht hat. Denn es zeigt mir, dass er sich von seinem Vater noch immer sehr geliebt fühlt und er sich nicht für die Trennung verantwortlich macht. Er wurde nicht verlassen, sondern muss mit neuen Lebensumständen zurechtkommen. Das ist ein wesentlicher Unterschied.

Wie sage ich es dem Kinde?

Nun kommen wir aber nicht drum herum, doch etwas zu sagen. In seinem Buch *Glückliche Scheidungskinder* weist Remo H. Largo gemeinsam mit Monika Czernin darauf hin, wie wichtig es ist, sich vorher zu überlegen, was Sie wie sagen wollen. Ein überstürztes »Wir müssen mal mit euch reden, setzt euch mal alle an den Tisch« ist da meist wenig sinnvoll. Man hat es dann zwar schnell hinter sich, sehr viel Empathie beweisen wir damit allerdings nicht. Klar, manchmal geschehen die Ereignisse plötzlich und überstürzt. Sie erwischen den Mann mit einer anderen, er bekommt heraus, dass das Kind gar nicht von ihm ist. Es gibt Situationen, in denen man ein gemeinsames Leben, ja oft sogar nicht einmal den Anblick des anderen kaum noch ertragen kann und nur noch weg möchte. Raus, einfach weg. Meistens jedoch bahnt sich eine Trennung mit der Zeit an und bietet dadurch die Möglichkeit, vorab einiges zu klären.

Fragen Sie sich daher im Vorfeld:

> Wer geht wann wohin? Wer bleibt in der bisher gemeinsamen Wohnung, wer zieht aus und nimmt was mit?
> Was ändert sich genau für das Kind? Muss es umziehen, in eine neue Schule, gar in eine neue Stadt? Was wird aus den Freunden, dem lieb gewonnenen Hobby?
> Wie soll zukünftig die Sorgerechtsverteilung aussehen – sprich: Wann wird Ihr Kind den anderen Elternteil sehen können? Auch die Frage, wo man sich dann trifft, ist nicht unerheblich.

Selbstverständlich müssen nicht alle Fragen und Antworten im Gespräch mit den Kindern lang und breit erläutert werden. Je älter die Kinder jedoch sind, umso wahrscheinlicher ist es, dass entsprechend weitreichende Fragen gestellt werden. Darauf sollten Sie nach Möglichkeit die Antworten kennen. Je mehr Sie selbst vorher über die Konsequenzen und Neuregelungen nachgedacht und über Möglichkeiten gesprochen haben, umso besser. Viele Paare können aber leider gerade in solchen Momenten kaum noch ein vernünftiges Wort miteinander sprechen. Viele gehen sich aus dem Weg, meiden den Kontakt oder rauschen wie zwei entgleiste Güterzüge direkt ineinander, wenn sie sich sehen. Das ist verständlich. Das ist menschlich. Es ist aber nicht gut für die Kinder. Sie werden die Eltern immer lieben. Auch wenn sie vielleicht enttäuscht, wütend, verletzt erscheinen, so wollen sie in der Tiefe ihres kleinen Herzens doch nur geliebt und anerkannt werden. Wenn Sie sich also gegenseitig zerfleischen, schlechtmachen und beschimpfen, tun Sie dies auch stets Ihrem Kind an. Versuchen Sie also auf die Zähne zu beißen und die wichtigsten Dinge trotz emotionalem Wirbelsturm zu klären. Wer nicht mehr miteinander sprechen kann, hat schließlich verschiedene Möglichkeiten, um dennoch zum Ziel zu kommen.

Sie können zum Beispiel schreiben. Egal, ob eine E-Mail,

eine SMS oder einen Brief. Auch hier kommen zwar unschöne Worte und Diskussionen zustande, aber doch längst nicht so aggressiv und emotional wie in einem Gespräch. Setzen Sie sich also hin und schreiben Sie. Sobald Sie merken, dass Sie die sachliche Ebene verlassen, machen Sie eine Pause. Löschen Sie alle Sätze, in denen Sie jammern, Vorwürfe machen, ihn anflehen zurückzukommen oder ihn zum Teufel jagen wollen. Versuchen Sie den neuen Lebensabschnitt so sachlich wie möglich und so präzise wie nötig zu planen. So kann jeder ausreden, nichts wird vergessen, keiner fühlt sich durch die Blicke oder das Schweigen des anderen provoziert.

Natürlich kann man auch einen neutralen Helfer hinzuziehen. Beratungsstellen helfen gerne bei der Vermittlung von Mediatoren, Fachanwälten und Psychologen, die häufig unglaubliche Ergebnisse erzielen und das zukünftige Miteinander in etwas geregeltere Bahnen lenken. Denn Sie müssen sich bewusst sein, Sie werden stets mit dem anderen verbunden bleiben. Ihr Kind ist Ihre unzertrennliche Verbindung, auch wenn Sie sich über Jahre nicht sehen und hören.

Wichtig ist in jedem Falle, dass Sie nicht vor den Kindern das Diskutieren beginnen. Führen Sie das Gespräch also in einem Moment, in dem Sie sich selbst recht stabil fühlen. Streit, emotionale Ausbrüche, Anschuldigungen und Liebesschwüre haben in diesem Gespräch nämlich nichts verloren. Sollte Ihnen das Gespräch entgleiten, brechen Sie lieber ab. Das bedeutet aber nicht, dass Sie nicht Gefühle zeigen sollen. Weinen Sie ruhig gemeinsam mit Ihren Kindern, zeigen Sie, dass Sie die Traurigkeit verstehen. Seien Sie aber ein Elternteil, der die Kinder wieder stützt und aufbaut. Nicht umgekehrt.

»Wir haben uns einfach nicht mehr genug lieb.« Dies ist ein beliebter Satz, der aus Sicht der Eltern die einfachste Erklärung enthält. Das Gefühl ist verloren gegangen, man hat einfach aufgehört, den anderen so doll zu mögen, dass man mit ihm zusammenleben will. Auch wenn dem so ist und keine dramatischen

Gründe zur Trennung führen, so bringt diese eigentlich doch so logische Erklärung viele Kinder zum Nachdenken. Ich habe selbst erlebt, dass die Reaktion darauf sein kann, dass der Nachwuchs die Liebe der Eltern zu sich selbst anzweifelt. Denn »wenn Papa plötzlich die Mama nicht mehr lieb hat, dann kann es schließlich auch passieren, dass er mich nicht mehr lieb hat«. Kinder denken und fühlen anders. Unterscheiden noch nicht so sehr in der Form der Liebe. Haben kein Gespür für den Unterschied zwischen den Emotionen eines Liebespaares und der innigen, meist uneingeschränkten Liebe der Eltern zu ihren Kindern.

Mal so, mal so

Ich wünsche Ihnen, dass Sie stark sind und sich und Ihr Kind durch die anstehenden Gespräche tragen können. Und nicht nur das! Denn eigentlicher Schauplatz sind die vielen kleinen Situationen, die im Laufe eines Tages, einer Woche, eines Monats auf Sie zukommen werden.

Szenen einer Trennung

Mein Sohn begann damals gegen mich zu kämpfen. An den Papa-Wochenenden war er das bravste und liebste Kind auf Erden, zu Hause teilweise ein kleiner Tyrann. Er rieb sich an mir, suchte massiv seine Grenzen und überschritt sie regelmäßig. Papa bekam Bussis, Mama die kalte Schulter. Papa das Drücken und In-den-Arm-Nehmen zur Verabschiedung, Mama ein kurzes »Bis dann«. Emotional gipfelten diese Kämpfe beim Gutenachtsagen, wenn ich ihn in den Arm nahm, einen Gutenachtkuss gab und sagte, dass ich ihn lieb habe und ihm eine gute Nacht wünsche: »Mama, sei jetzt nicht böse, aber ich habe den Papi viel lieber als dich. Viel, viel lieber.« Er erstellte eine Rangliste, ließ den Papa, die Oma, die Hunde der Oma und den lieben Gott an mir vorüberziehen. Meist bildete ich nahezu das Schlusslicht. Dort flackerte ich mühsam vor mich hin und versuchte aus eigener Kraft und Liebe zu erstrahlen. Je nach Tagesform gelang es mir, immer häufiger aber nicht. Bis ich irgendwann begriff, dass mein kleiner Junge schlicht und ergreifend testete, ob meine Liebe zu ihm standhielt. Ob wir wirklich so ein starkes Team waren. Ob ich ihn auch liebte, obwohl er mich mal nicht liebte. Ob ich ihn liebte, obwohl er sich unartig verhielt. Ob ich ihn liebte, obwohl er den Papa liebte. Alles, was mein Kind brauchte, war die Bestätigung meiner uneingeschränkten, starken Liebe, die nicht so schnell verloren ging wie die zwischen dem Papi und mir. Diese Einsicht hat mich unglaublich erleichtert, mir den Umgang mit seinen und meinen Gefühlen sehr vereinfacht. Natürlich rügte ich ihn noch immer, wenn er etwas anstellte, hielt an meinen gesteckten Grenzen fest. Aber er konnte mich nicht mehr provozieren, nicht mehr verletzen. Er hatte es zuvor ja auch nie vorgehabt. Und je mehr er begriff, dass ich ihn so liebte, wie er war – obwohl er den Papi so sehr liebte –, umso angenehmer wurde unser Zusammenleben und umso seltener erwähnte er die Liebesrangliste.

Erst vor wenigen Wochen saß ich an seinem Bett, sprach mit ihm über den Tag und seine Erlebnisse. Und als ich gehen wollte, hielt er meine Hand und sagte: »Mama, ich hab dich lieb. Jetzt sogar lieber als den Papi.« Und ich freute mich nicht, sondern gab ihm auch jetzt das Gefühl, dass es durchaus in Ordnung ist, beide sehr, sehr lieb zu haben, und dass es egal ist, wen man mehr liebe. Ich gab ihm seinen Gutenachtkuss und ging mit einem Lächeln im Herzen hinaus.

Alleinerziehend – alleinverziehend?

Kinder stellen durch ihre Auseinandersetzungen indirekt folgende Fragen und bekommen durch unsere Reaktionen die passenden Antworten:

»Liebst du mich, in guten und in schlechten Zeiten?«
»Stehst du zu mir, auch wenn ich böse bin?«
»Darf ich den Papi immer noch lieb haben?«

Zeigen Sie durch Ihre Reaktionen, Ihr Mitgefühl und Ihr Dasein als Elternteil, wie sehr Sie hinter Ihren Kindern stehen, sie lieben und jederzeit für sie da sind. Sie können das tun, indem Sie

> genau hinhören und Mitgefühl zeigen;
> den Kindern Raum geben, sich und ihre Sorgen auszudrücken;
> einfach mal nicht schimpfen, sondern stattdessen das Kind tröstend in die Arme nehmen. Sie werden sehr erstaunt sein über die Reaktion Ihres Nachwuchses;
> nicht alles auf die Trennung schieben und dadurch Ihren Erziehungsprinzipien treu bleiben;
> Gefühle zulassen und auch zeigen. Eltern dürfen auch mal traurig, schwach, wütend und erschöpft sein.

Gerade der letzte Punkt fällt uns oft schwer. Wir wollen stark sein. Für unsere Kinder. Für uns. Wir zeigen selten Traurigkeit, Schwäche und Verzweiflung. Immer den Kopf nach oben, damit es alle gut haben. An sich auch nicht verkehrt. Aber Hand aufs Herz: Welches Verhalten ist für Kinder besser zu verarbeiten und auch für die eigene große Zukunft wichtiger:

a) Eltern sind immer stark und für mich da. Sie halten alles aus, meistern jede Hürde.
b) Eltern sind auch mal schwach, traurig oder wütend. Aber sie

schaffen es, hinterher wieder fröhlich und hoffnungsvoll zu sein, damit wir ein glückliches Leben führen können.

Kurz nach der Trennung verhielt ich mich nach dem Muster a). Meinem Kind gegenüber war ich die starke Mama, die alles organisieren kann und auch alleine klarkommt. Ich baute ihm mit schweren Vierkanthölzern und riesigen Holzplatten, die wir gemeinsam im Baumarkt besorgt hatten, eine wunderschöne Kuschelhöhle. Mit Vorratsschränkchen, Deckenlampe, Kuschelkissen und molliger Decke. Ein Unterschlupf für traurige Momente oder geheime Meetings mit seinen Freunden. Cool, wie ich da mit Hammer und Bohrmaschine hantierte. Wozu noch einen Mann, wenn Mama das ganz alleine kann! Er fand es toll, ich auch. So schuftete, organisierte, erklärte und beschützte ich, was das Zeug hielt. Mein Verhalten war im Nachhinein betrachtet jedoch auch sehr egoistisch. Es hielt nämlich unser Leben am Laufen. Brachte mich dazu, nicht einzuknicken und zerstört am Boden liegen zu bleiben. Alle Verantwortung lag bei mir, also hatte ich sie auch zu tragen. Wäre ja gelacht, wenn ich das nicht schaffen würde.

Hellhörig wurde ich erst, als mein Sohn gegenüber anderen erwähnte, dass Mama ja eh alles besser könne und er das sowieso nie schaffe. Spätestens hier wurde deutlich, dass ich ihn mit meinem Verhalten auch sehr einschüchterte. In der Augen des kleinen Mannes war ich die unverwundbare Supermama. Perfekt?! Schön?! Nein, erschreckend. Wie soll ein Kind sich je entwickeln können, wenn es sich selbst immer unbewusst damit misst? Wie soll es verstehen, dass Freude und Traurigkeit, Wut und Hoffnung Bestandteile des Lebens sind?

Sie sehen also: Wie in den meisten Bereichen des Lebens kommt es auch hier auf die richtige Mischung an. Und mit »richtig« meine ich jetzt nicht, dass Sie ein genaues Verhältnis zwischen guten und schlechten Gefühlen einhalten sollen. Mit richtiger Mischung meine ich Ihre ganz persönliche, individuelle Gefühlslage. Es geht um Sie. Es geht um Ihr Kind. Um Ihre Gefühle und was Sie daraus machen. Seien Sie einfach ehrlich und lassen Sie hin und wieder vermeintliche Schwächen zu. Denn nur wer auch schwach ist, kann stärker werden. Das werden Ihre Kinder verstehen.

Es gibt natürlich auch Situationen, in denen wir das Gefühl haben, unsere kleinen geliebten Monster wissen sehr wohl, was gerade in uns vorgeht. Und genau dann scheinen sie die Situation auszunutzen. Sie loten unsere Gefühle, die Lage und auch ihre Grenzen aus. Apropos Grenzen. In Trennungssituationen sind wir schnell geneigt, unsere erzieherischen Grenzen ein wenig auszuweiten. Den errichteten Zaun zu einem imaginären Gummiband werden zu lassen, das überaus dehnbar ist. Es ist häufig das schlechte Gewissen, das uns nachgeben lässt. Wir sind schuld an der Traurigkeit, dem Leid, den Tränen unserer Kinder. Wie können wir sie also schimpfen und erneut zum Weinen bringen? Sie haben es doch so schon schwer genug, wieso soll ich es ihnen mit meiner Erziehung noch schwerer machen?

Ich glaube, allein beim Lesen dieser Zeilen wird deutlich, dass diese Form der Argumentation nicht funktioniert. »Ich bin zu dick. Mein Ärger und meine Traurigkeit darüber machen mich so fertig, dass ich mir erst einmal eine Tafel Schokolade gönnen muss. Für mich, damit es mir wieder besser geht.« Das wird nicht funktionieren. Wir kommen um unsere Disziplin und Regeln nicht herum. Und das ist auch gar nicht schlimm, denn die Zwischenräume lassen sich ganz wundervoll und vielfältig mit Liebe, Nachsichtigkeit und Verständnis füllen. Denn es ist gerade jetzt wichtig, dass Kinder ihren Halt nicht noch stärker verlieren. Denn die Grenzen und somit auch die Sicherheit des Alltags sind ihre Stützpfeiler. Weichen diese auf, wackelt das gesamte Fundament. Kinder brauchen jetzt Stabilität. Vor allem, wenn das Familienkonstrukt um sie herum zusammenbricht und die Welt mächtig ins Wanken gerät.

Bleiben Sie Ihrem Erziehungsstil, Ihren Ritualen und Regeln daher treu. Was früher an Normen galt, sollte auch nach der Trennung noch gültig sein. Es ist okay, wenn die Kinder mal in Mamas Bett schlafen und eine große Extra-Aufmerksamkeitseinheit benötigen. Sie tun ihnen jedoch keinen Gefallen, wenn Sie plötzlich ständig Dinge erlauben und Verhaltensweisen durchgehen lassen, die früher absolut tabu waren. Das hilft weder Ihnen noch den Kindern. Es sind diese und ähnliche Stolpersteine, die es zu überwinden gilt.

Emotionale Stolpersteine

Kommen die heftigen Reaktionen meines Kindes von der Trennung?
Gerade in der unmittelbaren Zeit nach der Trennung beobachtet man die eigenen Kinder besonders aufmerksam. Es ist, als schwebe seit dem Zerplatzen der Familientraumblase eine riesige Lupe über ihnen. Alles wird überdeutlich, jede Regung wird bis in die tiefste Pore inspiziert. Sind sie häufig traurig, streiten sie mehr als vorher, reagieren sie aggressiv oder wirken sie gar deprimiert? Bei den meisten Auseinandersetzungen ziehen wir schnell den Schluss, dass es sich um Reaktionen aufgrund der Trennungssituation handelt – sei es aus Trotz, Traurigkeit, Unverständnis oder Wut. Sie werden jedoch nie zu 100 Prozent nachvollziehen können, ob die Entwicklung Ihres Kindes ohne die Trennung besser oder schlechter verlaufen wäre. Wir alle können unser Leben nur einmal leben. Wir müssen deshalb zu jeder Zeit das Beste daraus machen und aufhören, zu sehr zu vergleichen. Wenn unser Kind traurig ist, sollten wir es trösten. Wenn es wütend ist, ihm behilflich sein im Umgang mit seinen Gefühlen. Glauben Sie wirklich, Ihre Kinder hätten ohne die Trennung nicht mehr gebockt, gestritten oder Diskussionen geführt? Ignorieren Sie klischeehaftes Den-

ken wie »Typisch Scheidungskinder!«. Das ist genauso unsinnig wie die Verallgemeinerung bei Einzelkindern. Entscheidend ist nicht der Lebensumstand, sondern wie wir damit umgehen!

Ich sehe in meinem Kind nur noch seinen Vater
Der Partner ist zwar aus dem Haus, aber durch Ihre Kinder jederzeit präsent. Wir können nicht umhin, den Ex im Stirnrunzeln der Tochter wiederzuerkennen. Ihn durch den Mund seines Sohnes sprechen zu hören. Ihn beim Blick in die Augen der Kinder anzuschauen. Ähnlichkeiten im Verhalten und Aussehen schmerzen uns oft. Sie halten unsere Erinnerungen wach und machen es nahezu unmöglich, völlig zu vergessen. Oder besser gesagt, zu verdrängen. Das ist auch gut so. So sind wir gezwungen, uns damit auseinanderzusetzen und dankbar zu sein. Ja, ich bin meinem Exmann in der Tat dankbar. Dafür, dass er mit mir das für mich Wichtigste auf der Welt geschaffen hat – unseren Sohn. Nicht meinen – unseren!

Warum lieben Frauen ihre Kinder, die zum Beispiel nach schlimmen Erfahrungen oder gar einer Vergewaltigung auf die Welt gekommen sind, trotz der Ähnlichkeit und dem Zusammenhang mit ihrem Vater und den damit verbundenen Geschehnissen so sehr? Sie haben gelernt, diese kleinen unschuldigen Wesen als Individuen zu sehen. Dem Kind wurde das Recht zugestanden, ein eigenständiger Mensch zu sein. Ein Teil von uns, der doch so anders ist. Schauen Sie sich Ihr Kind an. Spüren Sie die Liebe, das Vertrauen und die Zuneigung, die Sie empfinden. Hören Sie auf zu vergleichen und entdecken Sie die liebenswerten Eigenheiten und Züge, die Ihre Kinder ausmachen.

Ich hasse meinen Mann
Das mag sein, egal, ob verständlich oder nicht. Ihre Gefühle wie Wut, Trauer, Enttäuschung, Liebe und vielleicht sogar Hass

haben ihren Ursprung und dadurch ihre Berechtigung. Dennoch sollten Sie nicht den Fehler begehen und diese Gefühle auf Ihre Kinder übertragen. Was zwischen Ihnen und Ihrem Mann geschehen ist, muss nicht zwangsläufig etwas mit seiner Rolle als Vater zu tun haben. Versuchen Sie, ihn als das zu sehen, was er ist. Als Vater Ihres Kindes. Nicht mehr, aber auch nicht weniger!

Die »Neue«

Der Moment ist da: Er hat eine Neue. Eine deutlich jüngere oder schlankere oder erfolgreichere oder schlichtweg dümmere. Egal, es tut weh, verdammt weh. Wir fühlen uns wie ein abgelegtes Kleidungsstück. Ein Teil des »No-Go-Ensembles«, das gemütlich ist und wärmt, aber Flecken, Risse und Falten hat. Wir sind das Hausmütterchen, das den Nachwuchs erzieht und ihn frisch gebadet fürs Legoland-Wochenende übergibt.

Aber mal ehrlich: Wir haben es gewusst, besser, als es jede Hellseherin auf AstroTV hätte voraussehen können. Er würde eine Neue suchen, und zwar unter anderen Kriterien als wir. Während uns beim Gedanken an die frei laufenden Männer das Herz in die Hose rutscht, knüpft unser Ex genau aus jener Region bereits neue Kontakte. Aber bei allem Schmerz, Zorn und Selbstmitleid sollten wir uns die Fragen stellen: Was ändert das wirklich? Rückt er wirklich Sie in ein schlechtes Licht oder macht er sich einfach nur selbst lächerlich, wenn er ein gerade mal volljähriges Püppchen ins Bett zieht? Haben wir dadurch mehr oder weniger Kontakt? Lernt unser Kind die Neue tatsächlich gleich kennen? Wäre das wirklich so schlimm? Ändert dies etwas an seinen Vaterqualitäten? Haben uns seine Bettgeschichten überhaupt zu interessieren, wenn sie unser Kind nicht betreffen? Nein, also sollten wir uns auch nicht verrückt machen. Zumindest nicht mehr als nötig.

Überlegen Sie, welche Stolpersteine auf Ihrem persönlichen Weg bereits rumlagen. Wie haben Sie reagiert? Sind Sie drum herumgegangen, drübergeklettert, umgedreht? Was haben Sie daraus gelernt? Nutzen Sie diese Erfahrung für die Zukunft – nichts ist umsonst!

Gemeinsam allein

Remo H. Largo sagt in seinem Buch *Glückliche Scheidungskinder*: »Ein Kind leidet nicht zwangsläufig darunter, wenn es von einer Bezugsperson, zum Beispiel vom Vater, verlassen wird. Es leidet dann darunter, wenn die Bedürfnisse, die der Vater bisher befriedigt hat, durch andere Bezugspersonen nicht befriedigt werden können und wenn es auf Erfahrungen verzichten muss, die es mit dem Vater machen konnte und die mit anderen Bezugspersonen nicht mehr möglich sind.«

Diese Aussage hat mich ein wenig überrascht und auch beruhigt. Allerdings stellt sich vorab erst einmal die Frage, welche Bedürfnisse die Kinder überhaupt haben (abhängig vom Alter) und welche Erfahrungen sie mit der fehlenden Bezugsperson gemacht haben oder hätten (abhängig vom Kind, den Umständen und der Bezugsperson). Kinder vermissen natürlich den fehlenden Elternteil. Je länger die Familie schon zusammengelebt hat, umso stärker fällt zu Beginn auch seine physische Abwesenheit auf.

Szenen einer Trennung

Ungefähr ein Jahr nach der Trennung besuchten wir den Zoo in Hannover. Die Sonne strahlte, Oma und Opa waren gut drauf und alle Tiere schienen nur auf uns gewartet zu haben. Es war grandios. Wir waren begeistert, entdeckten neue Kontinente mit ihren animalischen Bewohnern und staunten über die Besonderheiten der Natur. Nur mein Sohn wurde von Minute zu Minute stiller. Als wir dann beim großen Abenteuerspielplatz ankamen, ging gar nichts mehr. Aus dem fröhlichen Kind war ein langsam dahintrottender Wicht geworden, dessen Mundwinkel fast den Boden berührten. Alle Versuche, ihn aufzumuntern, halfen nicht. Ich war am Verzweifeln. Bis meine Mutter sagte: »Er vermisst seinen Vater. Lass ihn anrufen.«

Das kam mir in dem Moment völlig absurd vor. Ich wollte ihn an so einem schönen Tag bei so einem schönen Ausflug nicht daran erinnern, dass er ein Scheidungskind war. Doch egal, was ich wollte, er war schon längst daran erinnert worden. Rings um uns herum wimmelte es von glücklichen Familien, von Vätern, die ihre Kinder auf der Schulter trugen, ihnen ein Eis kauften oder gemeinsam das Lama fütterten. Ich gab nach. Was hatte ich zu verlieren! Trauriger konnte er nicht werden. Das Telefonat dauerte keine fünf Minuten. Aber statt in Tränen auszubrechen, wie ich vermutet hatte, blühte mein Kind auf. Papa war an diesem Tag kein Thema mehr, dafür aber die Giraffen, das Elefantenbaby und die Löwen. Als ich meinen Kleinen am Abend im Bett fragte, was ihm denn am besten gefallen habe, antwortete er: »Das Telefonat mit meinem Papa.«

Versuchen Sie den Vater so gut es geht mit einzubinden. Sie müssen ihn ja nicht gleich mitnehmen. Ein gesundes Verhältnis und die gegenseitige Akzeptanz werden es dem Kind erleichtern, die Situation zu meistern. Versuchen Sie beide, auch zukünftig als Bezugsperson da zu sein und die Bedürfnisse der Kinder zu erfüllen. Wer den Papa ohne Hemmungen besuchen darf, kann auch gemeinsame Erfahrungen mit ihm sammeln, andere Sichtweisen erlernen und sich eine eigene Meinung bilden. Außerdem handelt es sich meist um wenige Tage im Monat, in denen die Kinder dann tatsächlich beim Expartner sind. Lohnt es sich wirklich, sich über die vier bis acht Tage so den Kopf zu zerbrechen und sie so sehr zu verteufeln?

Hier ein paar Beispiele und Situationen, in denen Sie gemeinsam für Ihr Kind da sein sollten/können, gemeinsam wertvolle Erfahrungen machen und gemeinsam Zeit verbringen, ohne an der grundsätzlichen Situation etwas ändern zu müssen:

> Warten Sie gemeinsam am letzten Schultag vor dem Schulhaus und schauen Sie das Zeugnis an. Ihr Kind wird stolz sein, wenn es von beiden Eltern Anerkennung erfährt. Dauert nicht lange, hat aber große Wirkung.

> Jubeln Sie gemeinsam an der Seitenlinie des Fußballfeldes oder besuchen Sie zusammen die Tanzaufführung der Tochter. Egal, welches Hobby Ihr Kind hat, Sie können sich als Eltern gewiss an passender Stelle einbringen.

> Helfen Sie bei der Zukunfts- und Berufsplanung. Berufsfindungstage, Tage der offenen Tür in Unternehmen und Berufsberatungen bieten Eltern viele Möglichkeiten, den Kindern zur Seite zu stehen und sie zu unterstützen.

> Gehen Sie gemeinsam zum Abiball.

> Suchen Sie zusammen das neue Mountainbike aus.

> Was auch immer Sie tun, es muss nicht lange dauern. Sie müssen sich auch nicht tiefgründig miteinander beschäftigen. Sie sollten nur an der Seite Ihres Kindes stehen.

Denken Sie stets daran: Unsere Kinder denken und fühlen anders als wir. Erstens anders als Eltern. Zweitens anders als Erwachsene. Reden, fühlen, agieren Sie also kindgerecht. Viel mehr als unsere Worte zählen stets unsere Gefühle, die wir übermitteln.

Abschließend hier noch ein Text, den ich im Internet gefunden habe. Ich lese ihn selber sehr gerne, weil ich darin sehr viel Wahrheit finde. Den ursprünglichen Verfasser konnte ich leider nicht ermitteln, aber ihm sei für diese tolle Zusammenfassung gedankt.

20 Bitten an geschiedene Eltern

1. Vergesst nie: Ich bin das Kind von euch beiden. Ich habe jetzt zwar einen Elternteil, bei dem ich hauptsächlich wohne und der die meiste Zeit für mich sorgt. Aber ich brauche den anderen genauso.
2. Fragt mich nicht, wen von euch beiden ich lieber mag. Ich habe euch beide gleich lieb. Macht den anderen also nicht schlecht vor mir. Denn das tut mir weh.
3. Helft mir, zu dem Elternteil, bei dem ich nicht ständig bin, Kontakt zu halten. Wählt für mich seine Telefonnummer oder schreibt die Adresse auf einen Briefumschlag. Helft mir, zu Weihnachten oder zum Geburtstag ein schönes Geschenk für den anderen zu basteln oder zu kaufen. Macht von den neuen Fotos von mir immer einen Abzug für den anderen mit.
4. Redet miteinander wie erwachsene Menschen. Aber redet. Und benutzt mich nicht als Boten zwischen euch – besonders nicht für Botschaften, die den anderen traurig oder wütend machen.

5. Seid nicht traurig, wenn ich zum anderen gehe. Der, von dem ich weggehe, soll auch nicht denken, dass ich es in den nächsten Tagen schlecht habe. Am liebsten würde ich ja immer bei euch beiden sein. Aber ich kann mich nicht in zwei Stücke reißen – nur weil ihr unsere Familie auseinandergerissen habt.

6. Plant nie etwas für die Zeit, die mir mit dem anderen Elternteil gehört. Ein Teil meiner Zeit gehört meiner Mutter und mir, ein Teil meinem Vater und mir. Haltet euch konsequent daran.

7. Seid nicht enttäuscht oder böse, wenn ich beim anderen bin und mich bei euch nicht melde. Ich habe jetzt zwei Zuhause. Die muss ich gut auseinanderhalten – sonst kenne ich mich in meinem Leben überhaupt nicht mehr aus.

8. Gebt mich nicht wie ein Paket vor der Haustür des anderen ab. Bittet den anderen für einen kurzen Moment rein und redet darüber, wie ihr mein schwieriges Leben einfacher machen könnt. Wenn ich abgeholt oder gebracht werde, gibt es kurze Momente, in denen ich euch beide habe. Zerstört das nicht dadurch, dass ihr euch anödet oder zankt.

9. Lasst mich vom Kindergarten oder bei Freunden abholen, wenn ihr den Anblick des anderen nicht ertragen könnt.

10. Streitet euch nicht vor mir. Seid wenigstens so höflich miteinander, wie ihr es zu anderen Menschen seid und wie ihr es auch von mir verlangt.

11. Erzählt mir nichts von Dingen, die ich noch nicht verstehen kann. Sprecht darüber mit anderen Erwachsenen, aber nicht mit mir.

12. Lasst mich meine Freunde zu beiden von euch mitbringen. Ich wünsche mir ja, dass sie meine Mutter und meinen Vater kennen und toll finden.

13. Einigt euch fair übers Geld. Ich möchte nicht, dass einer von euch viel Geld hat und der andere ganz wenig. Es soll

euch beiden so gut gehen, dass ich es bei euch beiden gleich gemütlich habe.

14. Versucht nicht, mich um die Wette zu verwöhnen. So viel Schokolade kann ich nämlich gar nicht essen, wie ich euch beide lieb habe.

15. Sagt mir offen, wenn ihr mal mit dem Geld nicht klarkommt. Für mich ist Zeit ohnehin viel wichtiger als Geld. Von einem lustigen gemeinsamen Spiel habe ich viel mehr als von einem neuen Spielzeug.

16. Macht nicht immer so viel »Action« mit mir. Es muss nicht immer was Tolles oder Neues sein, wenn ihr etwas mit mir unternehmt. Am schönsten ist es für mich, wenn wir einfach fröhlich sind, spielen und ein bisschen Ruhe haben.

17. Lasst möglichst viel in meinem Leben so, wie es vor eurer Trennung war. Das fängt bei meinem Kinderzimmer an und hört auf bei den kleinen Dingen, die ich ganz allein mit meinem Vater oder meiner Mutter gemacht habe.

18. Seid lieb zu den anderen Großeltern, auch wenn sie bei eurer Trennung mehr zu ihrem eigenen Kind gehalten haben. Ihr würdet doch auch zu mir halten, wenn es mir schlecht ginge! Ich will nicht auch noch meine Großeltern verlieren.

19. Seid fair zu dem neuen Partner, den einer von euch findet oder schon gefunden hat. Mit diesem Menschen muss ich mich ja auch arrangieren. Das kann ich besser, wenn ihr euch nicht gegenseitig eifersüchtig belauert. Es wäre sowieso am besten für mich, wenn ihr beide bald jemanden zum Liebhaben findet. Dann seid ihr nicht mehr so böse aufeinander.

20. Seid optimistisch. Eure Ehe habt ihr nicht hingekriegt – aber lasst uns wenigstens die Zeit danach gut hinbekommen. Geht mal meine Bitten an euch durch. Vielleicht redet ihr miteinander darüber. Aber streitet nicht. Benutzt meine Bitten nicht dazu, dem anderen vorzuwerfen, wie schlecht

er zu mir ist. Wenn ihr das macht, habt ihr nicht kapiert, wie es mir jetzt geht und was ich brauche, um mich wohler zu fühlen.

Es ist Unsinn, Türen zuzuschlagen, wenn man sie auch angelehnt lassen kann.

J. William Fulbright,
amerikanischer Politiker

Wann hört es auf zu dauern?

Gefühle zulassen, mit ihnen umgehen und sie verarbeiten

»Ich verlor mich in einem Meer aus Tränen. Bekam keine Luft mehr, drohte zu ertrinken.« Dieser Tagebucheintrag fiel mir bei meinen Recherchen für dieses Buch wieder in die Hände. Erneut schnürte es mir den Hals zu. Nach Monaten, ja mittlerweile eineinhalb Jahren. Wieder dachte ich: Wann hört es auf zu dauern? Die Antwort lautete: Dann, wenn du endlich deine Gefühle zulässt, mit ihnen umzugehen lernst und anfängst, sie zu verarbeiten. Die Zeit, die darauf folgte, war nicht immer leicht. Aber sie half mir, wieder zu leben. Sie hielt aber auch viele Hürden für mich bereit, die es zu überwinden galt.

Gute Nacht!?

In der ersten Zeit nach der Trennung fragte ich nicht nur: »Wann hört es auf zu dauern?«, sondern auch: »Wann kann ich endlich wieder schlafen?« Meine Gefühlswelt brachte auch meinen Körper völlig durcheinander. Wochenlang schlief ich nicht mehr als vier Stunden pro Nacht. Und die auch mehr schlecht als recht. Dabei versuchte ich es mit kuscheligen Vollbädern, diversen Schlummertrunken von Milch mit Honig bis zu hochprozentigen Schlaf-schnell-Schnäpschen. Ich zählte die Schafe aus dem Stall meines Opas, ließ Pferde über Zäune und meinen Ex über Klippen springen. Nichts half. Irgendwann knipste ich eh wieder das Licht an, ich wollte die eh schon wache Zeit wenigstens nutzen. Ich las Dutzende von Büchern, erstellte To-do-Listen und schmiedete Pläne. Ich schrieb Tagebuch und das Exposé zu diesem Buch. Ich schaute mir sogar »Frauentausch« an. Nicht dass Sie meinen, ich würde diese Zurschaustellung zweier aufgemotzter Alltagsfamilien gerne sehen. Nein, das gewiss nicht. Aber die Kameraeinstellung in manch einer Wohnung auf Kalkflecken, unter Schränke, in Schubladen und gegen die eine oder andere fast undurchsichtige Fensterscheibe stimulierte offenbar einen ganz besonderen Bereich in meinem Hirn, der fürs Fremdschämen und augenblickliches Putzen zuständig war. Im Übrigen reichten wenige Sendungen aus. Wenn ich mal keine Lust zum Großreinemachen habe, muss ich nur noch daran denken und erspare mir dann sowohl das Ansehen der Sendung wie auch das Zetern und räume einfach auf.

Wenn Sie also nicht schlafen können und unter Schlafstörungen leiden, nutzen Sie die Zeit:

> Lesen Sie die Bücher, die Sie schon immer mal lesen wollten.
> Skypen Sie endlich mit Ihrer Freundin im fernen Ausland und schlagen Sie der Zeitverschiebung ein Schnippchen.
> Schreiben Sie, egal ob Tagebuch, Mails, den Einkaufszettel oder mal wieder einen klassischen Brief.
> Machen Sie Pläne. Nutzen Sie Bilder, Tabellen, Mindmaps, Listen.
> Basteln Sie, das nächste Weihnachtsfest kommt bestimmt.
> Putzen Sie. So haben Sie am Tag wenigstens etwas mehr Luft, wach sind Sie ja jetzt sowieso.
> Sortieren Sie Steuerunterlagen, Versicherungspolicen und ordnen Sie sie ein.

Und noch ein persönlicher Tipp gegen Einschlafstörungen: Leihen Sie sich bei Ihrem Kind den Kassettenrekorder aus und hören Sie Ihre Lieblingskassetten aus Ihrer Kindheit. Das beruhigt! Schlaf erscheint uns als wahre Erlösung. Keine Gedanken mehr, die wie Popcorn im heißen Topf durch unseren Kopf springen. Keine Gefühle, die uns umschwirren wie ein lästiger Schwarm Mücken. Keine Diskussionen, keine Rückschläge, keine Probleme, kein Stress. Dafür aber hoffentlich Ruhe, Erholung, Entspannung und Wohlgefühl.

Aber genau wie die Neuorganisation des Lebens und das Wiederfinden des Schlafs dauert es, bis wir unsere Gefühle wieder im Griff haben. Auch wenn wir glauben, durch unser systematisches Agieren die Gefahrenzone verlassen zu haben, werden wir feststellen, dass wir uns selbst wieder einholen werden.

Jetzt ist aber Schluss! Oder?

Szenen einer Trennung

Während ich mein Leben neu ordnete, war ich abgelenkt, mein Kopf war mit anderen Dingen beschäftigt. Doch bezüglich meiner Gefühle und dem Kontakt zu meinem Ex kam ich mir in dieser Zeit vor, als hätte ich mich auf Diät gesetzt. Ich wusste, es würde mir guttun, mich nicht zu melden. Ich wusste, dass die Reduktion positive Auswirkungen haben kann. Aber wie bei jeder Diät war der Rückfall vorprogrammiert. Eines Abends saß ich vor dem Laptop und tippte »Ich vermisse dich«. Als ich die E-Mail versandt hatte, fühlte ich mich, als hätte ich gerade meine Fastenzeit mit einem doppelten Big

Mac gebrochen. Zum einen gut, zum anderen supermies. Fastfood und emotionale Überreaktion lösen bei mir eben beide leichte Übelkeiten aus. Die Reaktion meines Exmannes war dann so ernüchternd wie der Blick auf die Waage am nächsten Morgen: »Ist dir langweilig oder warum schreibst du so was?« Seitdem tausche ich nur noch Informationen über unser Kind mit ihm aus und bestelle in Restaurants lieber einen Salat.

Was in diesem Beispiel passiert ist, kennen wir alle. Es gibt diese Situation schließlich in den unterschiedlichsten Varianten. Zum Beispiel, wenn ein Mann, der uns interessiert, sich nicht meldet. Wir zögern, hadern, verstecken das Handy. Kramen es wieder hervor, tippen eine »Warum meldest du dich nicht?«-SMS und schlagen uns vor die Stirn, wenn wir diese auch noch verschicken. Wir nehmen uns vor, mit unseren Kindern geduldig zu sein, schlucken einen genervten Ausspruch nach dem anderen herunter, um ihn später mit doppelter Heftigkeit direkt vor die Füße der Kinder zu spucken. Und genauso ist es häufig mit dem Ex. Hat er eine andere? Liebt er mich noch? Warum dies, weshalb jenes, könnte ich nicht? Wir wollen es einfach wissen.

Hintergrund dieser alltäglichen kleinen Tragödien des »Fastenbrechens« sind fehlende Ausdauer und mangelnder Mut. Wir müssen mutig sein, um Situationen auch mal aushalten zu können. Häufig bedeuten nämlich genau diese eine ganze Menge Wut und Schmerz. Wir brauchen Ausdauer, um mit uns und unseren Kindern geduldig zu sein. Und wir brauchen Alternativen.

Bleiben wir beim Beispiel mit der Diät. Wenn Sie aus Langeweile etwas essen oder den ehemaligen Partner kontaktieren wollen, suchen Sie sich eine Beschäftigung. Fernsehen zählt nicht! Am besten tun Sie etwas, womit Ihre Hände in Aktion geraten.

Wenn diese in Aktion sind, können sie kein Essen in den Mund stopfen oder unsinnige Nachrichten tippen. Malen, schreiben oder stricken Sie. So sind Sie abgelenkt, können sogar Ihre Emotionen zum Ausdruck bringen. Am besten, Sie involvieren gleich noch Ihren Mund, dann kann da schon mal nichts »nebenbei« rein oder raus. Lernen Sie doch zum Beispiel Saxofon spielen.

Übertragen wir unser Beispiel, könnten Alternativen unter anderem wie folgt aussehen:

Wenn Sie »ihm« mal wieder eine Nachricht schreiben, ohne überhaupt einen triftigen Grund zu haben, schreiben Sie ruhig weiter. Erzählen Sie von Ihrem Tag, den Erlebnissen am freien Wochenende, Ihren Plänen. Wenn Sie fertig sind, ändern Sie nur zwei Dinge: die Anrede und die Mailadresse oder Telefonnummer. Schicken Sie die Nachricht an einen lieben Menschen, bei dem Sie sich schon lange mal wieder melden wollten. Glauben Sie nicht auch, dass Ihr Freundeskreis plötzlich wieder aufblühen wird? Am besten, Sie legen sich eine Notfallliste an, auf der Sie bei Bedarf ohne Verzögerung eine Alternative finden.

Beispiele für eine Notfallliste:

SMS an ihn	→	Brief an die Freundin
Hochzeitsfotos anstarren	→	eigene neue Bilder malen
einsam auf dem Sofa liegen	→	mit dem Lieblingsbuch in die Wanne steigen
den gemeinsamen Song hören	→	ein Instrument erlernen, neue Lieder entdecken
Hass auf den Ex verspüren	→	beim Sport Dampf ablassen
über den finanziellen Engpass grübeln	→	Liste mit Verdienstmöglichkeiten erstellen

Ihnen fallen bestimmt noch viel mehr Beispiele ein. Was würden Sie zum Beispiel einer lieben Freundin raten? Ich bin sicher, Sie hätten den einen oder anderen Trick in der Tasche.

Eine weiße Lawine aus zerknüllten Taschentüchern, der Halbliterbecher Lieblingseis und mittendrin Ihre Freundin und Sie. Egal, wer von beiden aufgrund einer Trennung leidet, die Ratschläge sind in der Regel meist ziemlich identisch. Denn jede gute Freundin wird Ihnen empfehlen, eine absolute Kontaktsperre zu Ihrem Exmann herzustellen: keine SMS, keine E-Mails, keine Anrufe, keine »zufälligen« Treffen. Abstand, Abstand und noch mal Abstand. Meist würden Sie eben jene Empfehlungen ohne zu zögern unterschreiben. Haben wir sie seit unserem ersten überstandenen Liebeskummer oft genug selbst gepredigt. Doch, wie bitte, soll das funktionieren, wenn Sie ihn ständig sehen, weil er das Kind abholt? Sie mit ihm telefonieren, weil das Geld für den Schulausflug geteilt werden soll? Er Sie anschreibt, weil er die Wochenendtermine fixieren möchte? Ständig gibt es einen guten, also nachvollziehbaren Anlass für Kontakt.

Hatte ich Ihnen nicht eben noch empfohlen, diesen Kontakt zu halten? Ja und nein. Ja, ich möchte Sie dazu ermutigen, dem Kind zuliebe den Kontakt nicht vollständig abzubrechen. Nein, Sie sollen ihn nicht aufrechterhalten, um weiterhin seine Aufmerksamkeit auf sich zu ziehen. Denn genau das ist es doch, was wir hier tun!

Damit dies nicht mehr so vage klingt und Sie selbst ein Gefühl dafür bekommen, hier ein paar weitere Möglichkeiten, das vermeintliche Übel so klein wie möglich zu halten.

> Kommunizieren Sie nur über Themen, die wirklich notwendig sind, wie zum Beispiel die Kinderbetreuung, finanzielle und organisatorische Aspekte.
> Ist es unbedingt nötig, ihm morgens eine SMS zu schicken, nachmittags anzurufen und am nächsten Abend zu mailen? Fassen Sie Themen auch zeitlich zusammen und klären Sie alles in einem Atemzug.
> Vergessen Sie die »Lass uns Freunde bleiben«-Masche. Seien

Sie erst einmal Vater und Mutter. Das wird Sie genug Mühe kosten.

> Warten Sie nicht darauf, dass er Sie fragt, wie es Ihren geht. Stellen Sie diese Frage vorerst ebenfalls nicht. Wozu? Um zu wissen, dass es ihm nach der Trennung blendend geht? Um zu erfahren, dass er ebenfalls leidet? Beide Antworten wühlen unnötig Ihre Gefühle auf. Versuchen Sie daher sachlich zu bleiben.

Häufig helfen Freunde und Familie über diese Zeiten hinweg. Eine Bekannte schrieb beispielsweise stets dem besten Freund eine Nachricht, wenn ihre Finger und ihr Herz eigentlich gerade den ehemaligen Partner kontaktieren wollten. So schaffte sie es, »nur« die Verlassene zu sein, nicht aber die nervige Ex. Klingt hart? Ist es auch. Aber vielleicht waren Sie selbst schon einmal in einer Beziehung, in der Sie sich nicht mehr wohlfühlten. Vielleicht war ja eben jene vergangene Partnerschaft die letzte Beziehung, aus der Sie selbst ausbrechen mussten. Wie fühlten Sie sich, als der andere flehte zurückzukommen, Ihnen stündlich schrieb, dass er Sie noch liebe? Anfangs gewiss geschmeichelt, vielleicht auch hin und her gerissen. Je mehr Zeit verging und je mehr Nachrichten Sie erhielten, umso genervter wurden Sie, stimmt's? Warum konnte der andere denn nicht begreifen, wie erleichtert Sie sich fühlen? Dass ein Comeback nicht auf Ihrem Lebensplan stand? Was glauben Sie, wie sich der Vater Ihres Kindes jetzt fühlt (vorausgesetzt, er war die treibende Kraft und ist gegangen)? Hören Sie auf. Tun Sie es für sich. Ihm fällt es leichter, weil er sich bereits während der Beziehung getrennt hat. Er ist Ihnen einige Schritte voraus. Derjenige, der die Entscheidung fällt und eine Trennung vorantreibt, hat lange, bevor er es erwähnen wird, innerlich bereits »gekündigt«, das Gelübde gelöst. Nun ist es an Ihnen, die entsprechenden Schritte zu gehen.

Was aber, wenn Sie ihn genau deswegen so schrecklich vermissen? Wenn er Sie vor vollendete Tatsachen gestellt hat und sich ab diesem Zeitpunkt nicht mehr meldet? Was für manche von uns wie ein Segen klingen mag, ist für viele andere eine absolute Horrorvorstellung. Denn auch der plötzlich Cut, die offensichtlich endgültige Entscheidung und das bittere Gefühl des Verlassenwerdens verletzen uns. Tatsache ist, dass wir meist genau das haben möchten, was uns gerade nicht zur Verfügung steht. Klar, wer genervt vom Expartner ist, wünscht sich sehnlichst, er möge einfach in die nächste große Stadt verschwinden. St. Petersburg wäre doch ein schönes Ziel. Wenn der ehemalige Partner sich aber so gar nicht mehr meldet, ist es egal, ob er am anderen Ende der Welt lebt oder in der Straße nebenan. Sie werden ihn vermissen. Und das dürfen Sie auch. Denn schließlich war in der Regel nicht alles schlecht. Dennoch sollten Sie sich ab sofort wieder auf sich und Ihr eigenes Leben konzentrieren. Erlauben Sie sich ruhig Momente, in denen Sie ihn vermissen. Kehren Sie dann aber wieder aktiv in Ihr Leben zurück und hängen Sie nicht allzu lange den zermürbenden Gedanken nach. Bieten Sie den Kontakt an – Ihren Kindern zuliebe. Die neue Adresse, Telefonnummer und E-Mail-Adresse geben Sie sachlich weiter. Unter diesen Daten ist schließlich auch sein Kind erreichbar.

Und auch wenn wir es manchmal nicht wahrhaben wollen, weil uns alles so ungerecht vorkommt: Auch Männer leiden! Sie schaffen es meist besser, dieses Leid für sich zu behalten, und vergrößern lieber den Abstand zwischen Ursache und neuem Lebensmittelpunkt. Zwar zieht es sie stark zu ihren Kindern hin, die Tatsache aber, dadurch auch mit der Mutter in Verbindung treten zu müssen, hemmt häufig den Kontakt. Versuchen Sie, ihn ein wenig zu verstehen. Zetern Sie nicht, versuchen Sie es. Nur etwas, nur kurz, nur in dieser Situation. Es wird Ihnen helfen, die Dinge besser zu ver- und die aktuelle Situation zu überstehen.

Nutzen Sie den weichen Berg aus zerknüllten Taschentüchern und die Arme Ihrer lieben Freundin, die Sie behutsam auffangen werden, und geben Sie Ihren Gefühlen Raum. Wer nur schimpft und mosert, verbittert. Wer nur vermisst und beschönigt, verliert den Blick für das wahre Hier und Jetzt. Geben Sie also allen Facetten die Möglichkeit aufzubrechen. Lachen Sie über die komischen Eigenheiten. Hat Ihr Ex auch immer mit seinem Kugelgrill gesprochen? Erinnern Sie sich an den romantischen Moment, in dem er Sie liebevoll überrascht hat. Konnten Sie ihm beim Essen auch einfach nicht mehr zusehen und vor allem zuhören? Unsere Gefühle sind gefächert in einer umfangreichen Palette. Wie bei den Farben auch, geben sie uns die Möglichkeit, nicht nur alles schwarz-weiß zu sehen, sondern der Situation eine gesunde Balance zu geben. Wir müssen sie nur sehen und zulassen.

Kein Schalter für Gefühle

Gefühle, ob gute oder schlechte, lassen sich nicht einfach abschalten. Sie lassen sich überdecken, verleugnen und ignorieren. Aber verschwinden werden sie nicht, nur weil Sie sie nicht mehr wollen. Wer die Tür zur Rumpelkammer verschließt, hat noch lange nicht aufgeräumt. Der Vorteil in dieser Phase der Trennung ist, dass Sie Ihren Fokus erst mal auf die wesentlichen, überlebenswichtigen Dinge des Lebens setzen müssen. Ihre Konzentration gilt der Organisation des Alltags und Lebens an sich. Haushalt, Schule, Job und Co. fordern volle Aufmerksamkeit und vor allem Zeit. Doch hin und wieder werden die Gefühle sich an die Oberfläche kämpfen. Sie steigen auf und überrollen Sie wie eine Tsunamiwelle. Oder plätschern nur leise im Unterbewusstsein wie ein nervender, stets tropfender Wasserhahn. So oder so sollten Sie darauf gefasst sein, dass Traurigkeit, Wut, Verzweiflung und Überforderung dazugehören und anerkannt werden müssen.

Bei meiner Recherche haben mir Frauen zum Beispiel folgende Situationen genannt, in denen sie von ihren Gefühlen und Tränen häufig übermannt wurden:

> beim Packen von Umzugskisten
> beim Ummelden auf dem Amt
> beim Kochen, wenn man feststellt, dass es viel zu viel ist
> beim Ins-Bett-Gehen
> beim Unterschreiben vom Schulzeugnis

Und das waren die Wege, wie sie damit umgegangen sind:

> »Wenn es möglich war, habe ich den Tränen einfach freien Lauf gelassen. Man kann sie nicht ewig zurückhalten, man kann aber auch nicht stundenlang zusammengekauert in einer halb ausgeräumten Wohnung liegen. Mein Stolz hat mich irgendwann aufgerichtet und ich habe mit neuer Kraft den Rest der Wohnung leer geräumt.«
> »Tagebuch schreiben hat mir geholfen. All die Gefühle, der Hass, die Wut und die Einsamkeit finden zwischen den Seiten ihren ungefilterten Platz.«
> »Ablenkung, Ablenkung, Ablenkung. Ich habe angefangen zu malen, meine Wohnung renoviert und bin unter Menschen gegangen, die mich ablenkten.«
> »Wenn ich am Boden zerstört bin, aber weiß, dass es mir nicht guttut, dann rufe ich meine beste Freundin an. Sie ist meine Trennungszeugin. Meist hört sie mir erst mal zu. Checkt, ob es einen aktuellen Anlass gibt oder mich nur der Trennungsschmerz der gesamten Welt plagt. So oder so, meist geht es mir durch das Reden schon besser, und der Tritt in den Hintern, den sie mir dann verpasst, tut sein Restliches.«

›	»Ich reiße mich schlicht und ergreifend zusammen. Aber nur, solange es sein muss. Wenn ich befürchte, dass mich das Ummelden auf dem Amt umhauen wird, bereite ich mich darauf vor. Ich stelle mich aufrecht hin, erledige die Dinge mit erhobenem Kopf und gestatte mir danach im Auto, zusammenzusacken und den Tränen freien Lauf zu lassen. Wenn ich dann zu Hause aussteige, stehe ich wieder gerade.«

›	»Ich habe einen Brief an seinen Chef geschrieben, in dem ich ihm klargemacht habe, was für einen Vollidioten er eingestellt hat. Natürlich habe ich diesen Brief nie abgeschickt, aber allein das Schreiben und die Vorstellung, was er auslösen würde, haben mir geholfen. Und darum ging es schließlich, oder nicht?!«

Frauen und vor allem Mütter sind Meister im Organisieren und Verdrängen. Und so organisieren sie ihre negativen Gefühle bei Bedarf einfach weg. Einer in der Familie fehlt, also verdoppeln sie ihre Anstrengungen und werden zur Super-Mama. Unsere Kinder aber brauchen Mutter und Vater. Und auch wenn der leibliche Vater nicht greifbar ist, sich nicht kümmert oder aus anderen Gründen den Verpflichtungen nicht nachkommen kann oder will, so können Frauen nicht beide Positionen vollständig ausfüllen. Reiben Sie sich also nicht daran auf.

Dennoch wird es immer wieder Gefühle geben, die Sie auf dem Weg zur Verarbeitung und zu Ihrem neuen Leben begleiten. Wer einen Teil des Verarbeitens auszulassen versucht, braucht nur noch länger, um damit abzuschließen und frei für das Glück zu sein.

Die schmerzhaften Gefühle der Gegenwart werden lediglich Erinnerungen in der Zukunft sein.

Trennung heißt Abschied nehmen

Nicht nur der Tod bewirkt Trauer. Jede Form von Abschied ruft Trauer in uns hervor. Nicht sofort wird uns das klar, nicht sofort werden alle Gefühle deutlich. Doch sie sind da und müssen verarbeitet werden: Schmerz, Trauer und Zorn. Dabei helfen uns Zuversicht, Stolz, Liebe und Zufriedenheit. Als ich für dieses Buch recherchierte, musste ich auch meine eigenen Gefühle wieder aufbrechen lassen. Mich ihnen nähern, statt mich hinter schlauen Ratschlägen zu verstecken. Dabei fiel mir auf, dass mich ein Gefühl zu Beginn ganz besonders hart traf: das Gefühl von Machtlosigkeit. Derjenige, der die Trennung fordert, hat häufig die Macht in seinen Händen. Er (oder sie) hat sich entschieden zu gehen. Aus freien Stücken, wenn auch meist nicht ohne Anlass. Der Partner, der zurückbleibt, steht häufig machtlos da. Dinge ändern sich, ohne dass man es will. Häufig stehen Umzüge ins Haus, müssen finanzielle Dinge völlig neu geordnet werden. Der Freundeskreis ändert sich. Und vor allem auch das Bild, das man bisher von sich selbst hatte.

Ich fühlte mich damals unendlich machtlos. Bis ich begriff, dass sich die Dinge auch weiterhin ändern werden, ob ich will oder nicht. Dass Stillstand gleichbedeutend wäre mit Rückschritt. Denn je weiter die Zeit verstreichen würde, umso mehr wäre ich bei Stillstand von einer glücklichen Zukunft entfernt. Auch ich hatte Macht. Genau ab dem Moment, ab dem ich beginnen würde, mein Leben und das meines Kindes wieder in meine eigenen Hände zu nehmen. Den anderen die Zügel wieder aus der Hand zu nehmen, um selbst zu bestimmen, wohin meine Lebensreise geht. Dazu war es notwendig, mich selbst wieder zu spüren und die Wunden heilen zu lassen, indem ich sie registrierte.

Versuchen Sie Ihre eigene machtvolle Stärke wiederzuentdecken. Es liegt an Ihnen, aufzugeben oder weiterzukämpfen, liegen zu bleiben oder wieder aufzustehen. Trauen Sie sich, Macht als etwas Positives, Energievolles zu sehen. Macht zerstört nicht nur, sie baut auch auf. Vor allem uns, wenn wir beginnen, sie wieder zu spüren. Es ist Ihr Leben. Vielleicht wurde es von anderen gerade mächtig durcheinandergewirbelt. Nun liegt es an Ihnen, etwas Neues daraus zu machen.

Schmerz

Am Anfang tut es häufig einfach nur weh. Der seelische Schmerz ist nicht weniger quälend als der körperliche. Nicht ohne Grund kauern wir uns zusammen, weinen, schreien oder gehen im wahrsten Sinne des Wortes in die Knie. Sein Anblick, jede Erinnerung, jedes Wort – alles tut weh. Es zerreißt uns.

Szenen einer Trennung

Hätte ich in der Zeit der Trennung mein Kind nicht gehabt, wäre ich wahrscheinlich zugrunde gegangen. Zumindest hätte ich mich für Tage, ja vielleicht sogar für Wochen unter einer Decke verkrochen und wäre einfach nicht mehr aufgetaucht. Körperpflege oder gesunde Ernährung wären mir egal gewesen. Für wen sollte ich mich auch aufhübschen! Mich liebte ja sowieso keiner. Und ich selbst hätte auch niemanden sehen wollen. Heute weiß ich, dass mein Sohn meine Rettung war. Ich musste aufstehen, etwas kochen, zur Arbeit gehen. Ich konnte mich nicht verkriechen, zu viel Alkohol und zu wenig Vitamine zu mir nehmen. Es hätte ja sowieso nicht geholfen, im Gegenteil.

Das Dumme an der Geschichte ist, dass wir diese Erkenntnis erst dann klar vor Augen sehen, wenn es uns besser geht. Bis dahin schlüpfen wir vielleicht nicht im wörtlichen Sinne unter unsere Bettdecke, stülpen diese jedoch im übertragenen Sinne über unser Leben. Das Telefon klingelt abends ins Leere, weil wir nicht bereit sind, ranzugehen und auch nur ein einziges Wort zu wechseln. Wir wollen in diesem Augenblick nämlich nicht ständig das Gleiche hören: »Es wird schon wieder besser, wirst sehen«, »Was uns nicht umbringt, macht uns nur härter«, »Er hatte dich einfach nicht verdient, irgendwann kommt der Richtige«, »Der Schmerz vergeht« und, besonders beliebt, »Die Zeit heilt alle Wunden«. Auch wenn diese Sätze viel Wahrheit beinhalten, so glauben wir oft weder daran, dass wir jemals wieder lieben werden, noch an das Vergehen des Schmerzes. Ein Leben lang werden wir unserer Meinung nach leiden und nur unser Kind wäre unser Lichtblick im sonst so trüben Nebel unseres Daseins.

Klingt dramatisch? Fühlt sich auch genau so an. Dramatisch und vor allem im Nachhinein übertrieben. In dem Moment jedoch ist es die einzige Wahrheit, die für uns existiert. Ich glaube, es war wichtig für mich, durch dieses Tal zu gehen. Den langen, harten und vor allem sehr dunklen Teil zu durchschreiten. Ihn alleine gehen zu müssen, hin und wieder gestützt durch liebevolle Menschen, oft gebeugt von der Last, die ich trug.

Warum das gut war? Weil ich schlicht und ergreifend irgendwann keine Lust mehr hatte. Ich wollte nicht mehr verzweifeln. Ich wollte nicht mehr jammern und am wenigsten wollte ich für den Rest meines Lebens auf jeglichen Spaß verzichten, weil ich mich dem Klagen und Leiden verschrieben hatte. Ich gehöre nicht zu den Wanderfreunden, die gerne beschwerliche Wege gehe, sehe aber ein, dass der Ausblick auf dem Gipfel meist für den anstrengenden Aufstieg entlohnt. Und so sah ich irgendwann diesen Keim Hoffnung in meinem mürrischen Alltagseinerlei. Klein, aber doch vorhanden. Ich wollte ihn plötzlich hegen, statt weiter durch mein Jammertal zu marschieren. Ich wollte diesen Funken Hoffnung Licht in mein empfundenes Dunkel bringen lassen. Ich weiß, das klingt sehr pathetisch. Aber so war es halt. Übertrieben in alle Richtungen. Viel Schmerz, viel Schimpfen, viel Weinen und irgendwann etwas Hoffnung.

Hoffnung

Hoffnung ist in den schmerzhaften und sehr traurigen Zeiten wie ein leichter Geschmack von Erdbeeren und Frühling. Hoffnung verleitet uns aber auch dazu, viele Zeichen fehlzuinterpretieren oder welche zu erkennen, wo gar keine sind. Legen Sie daher nicht jedes Wort Ihres Expartners auf die Goldwaage. Wenn er Ihnen sagt, wie gut Sie heute aussehen, oder sich bedankt, weil Sie so fleißig mit dem Kind das Schwimmen üben, dann bedeutet dies nicht automatisch, dass er Sie noch immer begehrt und die Beziehung retten möchte. Er hat vielleicht lediglich einen guten Tag oder einfach ein schlechtes Gewissen, weil er sieht, wie sehr Sie leiden. Mag auch sein, dass er freundlich ist und Ihre Leistung schätzt. Also machen Sie nicht die gleichen Fehler wie schon in Jugendzeiten und sehen Sie Zeichen, wo gar keine existieren. Fragen Sie zur Not lieber klipp und klar nach, was er damit bezwecken will und ob er Ihnen und Ihrer Partnerschaft vielleicht noch eine zweite Chance einräumt. Klare Worte sind hier sinnvoller als wünschelrutenmäßige Zeichendeutung.

Verlagern Sie Ihre Hoffnung lieber auf Ihre eigene Zukunft. Verschwenden Sie sie nicht an falscher Stelle, sondern nutzen Sie diese für sich und Ihre Kinder. Schauen Sie auf das, was Sie bereits erreicht haben, und schöpfen Sie daraus Mut für das, was Sie noch erreichen wollen und werden. Auch für Ihre Kinder ist es wichtig, die Fähigkeit zum hoffnungsvollen Denken an sich selbst und auch an Ihnen zu sehen. Wenn Mama positiv in die Zukunft blickt, dann glauben auch die Kinder daran, dass die Zeit etwas Gutes für sie bereithalten wird. Hoffnung kann uns wärmen, umschmeicheln und ein Stück Geborgenheit verleihen, wenn wir uns von ihr nicht in die Irre führen lassen.

Immanuel Kant sagte einmal: »Drei Dinge helfen, die Mühseligkeiten des Lebens zu tragen: die Hoffnung, der Schlaf und das Lachen.« Hoffnung ist also kein schlechter Anfang!

Trauer

Wenn Familien zerbrechen, ist man sich vielerlei Gefühle bewusst. Da sind die Wut, die Verzweiflung, die Hoffnung und die Selbstzweifel. Trauer an sich wird jedoch häufig erst relativ spät dazugezählt. Dabei spüren wir Trauer, sobald wir einen Verlust erleiden. Auch um einen geliebten Arbeitsplatz kann man trauern. Der Umzug in eine fremde Stadt bedeutet oft Verlust und Trauer. Das Zerbrechen der Familie und Scheitern der Partnerschaft bilden da keine Ausnahme, eher noch einen besonders traurigen Anlass.

Der Abschied von meiner Ehe, von meiner Familie war für mich persönlich vergleichbar mit dem Todesfall eines geliebten Menschen. Die erschütternde Tatsache riss mir den Boden unter den Füßen weg. Ich verlor meinen Halt. Und ich scheute mich, meine Gefühle und Schmerzen zuzulassen. Der Moment vor Gericht, in dem mir schwarz auf weiß im Namen des Volkes das Scheitern unserer Ehe bestätigt werden würde, würde dem Moment eines absinkenden Sarges gleichen. Ein Moment, der in all der schweren Zeit den Höhepunkt darstellte. Ein Moment, der alles überschattet, dem man am liebsten nicht in die Augen blicken möchte. Man hat Angst davor, man fühlt den Schmerz, noch bevor er überhaupt da ist.

Doch wenn man sie angeht, den Moment, den Schmerz, die Trauer und all die anderen Gefühle, die sich dazwischenmischen, kann man sie überwinden. Denn ab dem Moment, ab dem der Sarg im Boden verschwindet, der Richter seinen Urteilsspruch verkündet, ab dem es endgültig wird, ab dem Moment, in dem es am meisten wehtut, ab dem Moment wird es wieder besser. Als ich zuließ, die Papiere zu unterschreiben, vor Gericht zu gehen und das Kapitel abzuschließen, ab dem Moment konnte ich wieder nach vorne schauen. Und ab da begriff ich auch wieder, dass es noch viel schlimmere Dinge im Leben gibt und ich dankbar sein konnte. Dankbar für mein wundervolles Kind, mit dem ich so viel wertvolle Zeit verbringen konnte. Dankbar für all die liebevollen Menschen, die mich auch in den schwierigen Momenten so unglaublich gestützt haben. Dankbar für meine schöne, kleine, gemütliche Wohnung.

Wofür sind Sie dankbar? Nehmen Sie sich ruhig mal ein paar Minuten Zeit und denken Sie darüber nach. Dann genießen Sie dieses warme Gefühl, das sich im Bauch ausbreitet wie ein süßer Tee an einem kalten Wintertag.

> > > > > LICHTBLICK

Gerne möchte ich Ihnen in Gedenken an meine erste Jugendliebe, die leider viel zu früh verstorben ist, ein paar wunderschöne Worte übergeben. Dieser wundervolle liebenswerte Mensch – er wurde keine 20, nicht mehr Junge, noch nicht Mann – schrieb mir damals einen kleinen Zettel, den ich noch heute in meinem Geldbeutel bei mir trage:»Vergangene Tage, weine nicht, dass sie vorüber sind, sondern lächle, dass sie gewesen!« Diese Worte spenden mir unglaublich viel Trost, lassen mich lächeln, wenn die Tränen sich ihren Weg bahnen. Danke Olli!

Zorn

Bei Zorn handelt es sich um ein Gefühl, das in unserer Gesellschaft keinen Platz hat. Schon als Kind bekommen wir anerzogen, unseren Zorn zu zügeln, zu schlucken, ja teilweise gar nicht erst zu spüren. Dabei ist Zorn ein guter Gegenspieler zum Schmerz und zur Trauer. Er erleichtert das Ertragen des Schmerzes und löst ihn zum Teil ab. Daher ist es also manchmal gar nicht schlecht, wenn wir ihn verspüren: den heißen Zorn. Das Gefühl, das in uns glüht und uns anfeuert. Schließlich hat man gemeinsame Träume gehabt, sich die Zukunft in den schillerndsten Farben ausgemalt. Plötzlich trennt sich der Partner oder verhält sich so, dass wir selbst ein Zusammenleben nicht länger ertragen können. Besonders wütend werden wir, wenn unser Ex unsere Träume plötzlich mit einer anderen auslebt. Nie wollte er wegziehen, doch schnell ist die ganze Welt sein Spielfeld. Nie wollte er weitere Kinder, plötzlich ist die neue Partnerin schwanger. Auch die finanzielle Abhängigkeit feuert den Zorn immer wieder an. Zum einen, weil es nahezu immer Streit ums Geld gibt, zum anderen ist der Zwiespalt zwischen »Das ist er mir schuldig, es steht mir zu« und dem Unwohlsein bezüglich der Abhängigkeit schwierig. Vielleicht ist es aber auch so, dass der Partner Sie zwar verlassen hat, Sie nun aber dennoch fleißig für ihn bezahlen. Ich kann mir gut vorstellen, dass dies wie Öl ins Feuer des Zorns wirken muss.

Tobt der Scheidungskrieg gerade, fällt es den meisten eher leicht, zornig zu sein – gut erkennbar an lautstarken Auseinandersetzungen und monatelangen Zwistigkeiten vor Gericht. Nicht selten wundert man sich über die Wucht der Gefühle, die wie ein Bulldozer über uns hinwegrumpeln und alles gnadenlos platt walzen. Auch die positiven Dinge. Blinder Zorn nimmt uns die Sicht. Manchmal sehen wir jedoch unseren Zorn gar nicht. Er versteckt sich hinter einem Vorhang aus umschmeichelndem Verständnis und starrer Hoffnung auf ein Happy End.

Was nämlich, wenn der Partner sich fair verhält, pünktlich zahlt und sich um das gemeinsame Kind liebevoll kümmert? Er hat Sie nicht betrogen, es hat einfach nur nicht funktioniert. Sie passen halt nicht zusammen. Man betrachtet die Situation und findet keinen Platz für Ärger und Zorn. Trauer – ja. Verzweiflung – auch. Aber Zorn? Wenn Sie keinen Anlass verspüren, auf Ihren Partner oder die Situation wütend zu sein, möchte ich Sie nicht verleiten, irgendwelche vorgeschobenen Gründe hervorzukramen. Vielmehr ist mir daran gelegen, dass Sie tief in Ihre Gefühlswelt eintreten und sich genau umschauen, was sich in den Ecken und Winkeln verbirgt. Denn unverarbeiteter Zorn kann die Atmosphäre vergiften wie hässlicher Schimmel, der sich aus einer kleinen Ecke immer weiter ausweitet. Dämmen Sie die Ausbreitung lieber gleich ein, indem Sie die geschädigten Stellen reparieren und ihre Gefühlswelt wieder in Einklang bringen.

Wer Zorn nicht verarbeitet, verbittert nicht nur. Er schützt auch ungewollt den ehemaligen Partner. Nein, ich spreche jetzt nicht von Zorn in Form von Rache. Wilde Auseinandersetzungen, gemeine Racheakte und fiese Intrigen machen niemanden glücklich und helfen auch nicht dabei, das Leben in den Griff zu kriegen. Der süße Geschmack der Rache wird nämlich schnell zum langwierigen schmierigen Belag, der sich auf unserem Gewissen absetzt. Keiner hat etwas davon. Man verpasst dem ehemaligen Partner eine goldene Rüstung, wenn man seinen Zorn unverarbeitet vergräbt. Sie stellen ihn auf einen Sockel, von dem aus er glänzen kann. Wer nämlich seinen Zorn nicht bewusst wahrnimmt und kanalisiert, wird ihn an anderer Stelle zu spüren bekommen. Wir streiten dann beispielsweise vermehrt mit den Menschen in unserem direkten Umfeld über vermeintliche Kleinigkeiten.

Kennen Sie das? Dass Sie Ärger mit anderen Personen haben, obwohl der Verursacher des Zorns gar nicht anwesend ist? Dass Sie an falscher Stelle Dampf ablassen? Auch Ihr Kind wird dafür sorgen, seinen eigenen Zorn nicht an Papa auszulassen. Es möchte nämlich auf jeden Fall verhindern, ihn durch sein Verhalten noch mehr zu verlieren. Und so steht Ihr Exmann in seiner glänzenden Rüstung auf dem Sockel, ohne auch nur eine Delle, einen Kratzer zu bekommen. Schießen Sie ihn nicht gleich ab. Aber nehmen Sie ihm die Rüstung und den Sockel weg, indem Sie Zorn zulassen. Feuern Sie den Zorn aber nicht unnötig an. Wenn er langsam verglüht, erfreuen Sie sich daran. Er macht anderen Gefühlen Platz und ebnet den Weg zu Ihrer Zukunft.

Suchen Sie nicht, was nicht da ist. Lassen Sie zu, was da ist.

Gelassenheit

Ruhe tritt ein, wenn Sie lernen loszulassen. Lassen Sie ihn los, den Traum von einer perfekten Familie. Es gibt keine perfekte Familie. Auch nicht unter denen, die nach außen hin vermeintlich perfekt erscheinen. Lassen Sie los von Ihrer Vorstellung, in guten und in schlechten Zeiten das Leben mit Ihrem Partner zu verbringen. Lassen Sie Ihren Traum los wie einen mit Helium gefüllten Ballon und binden Sie Ihre Verbitterung, die Enttäuschung und den Schmerz an das imaginäre Band. Und wenn Ihr Traum entschwebt, sich von der Erde löst, die zerstörerischen Gefühle mit sich nimmt, dann werden Sie die Gelassenheit und Ruhe spüren.

Gelassenheit können Sie trainieren. Wie beim Thema Intuition schon angesprochen, bietet das tägliche Leben eine Vielzahl an Möglichkeiten. Bleiben Sie gelassen, wenn Sie mal wieder im Stau stehen, und suchen Sie lieber einen schönen Radiosender, statt selbst lautstark den Wageninnenraum zu beschallen. Bleiben Sie gelassen, wenn Sie Dinge mehrmals wiederholen müssen, weil Ihr Gegenüber nicht aufgepasst hat. Vielleicht macht er auch eine schwere Zeit durch und kann sich gerade nicht so gut konzentrieren. Reagieren Sie gelassen, wenn Ihnen jemand den Parkplatz vor der Nase wegschnappt, und fahren Sie einfach auf den nächsten. Wir regen uns viel zu oft über Kleinigkeiten und Dinge auf, die wir eh nicht ändern können. Sparen Sie sich das und damit jede Menge Energie. Sie werden sehen, diese innere Gelassenheit wird sich bald auch auf andere Lebensbereiche übertragen und Ihnen beim regelmäßigen Loslassen helfen. Denn schließlich haben wir noch etwas anderes zu tun, als uns ausschließlich um die Bewältigung unserer Trennung zu kümmern, oder etwa nicht?!

Um Ruhe und Gelassenheit zu erkennen, müssen wir schlicht und ergreifend auch mal still sein. Zorn, Wut und Schmerz drängen sich häufig laut und polternd in unser Bewusstsein. Ruhe versteckt sich oft ganz leise, bis wir sie zufällig entdecken. Umso schöner ist es, wenn irgendwo das Chaos tobt und wir plötzlich begreifen, dass es uns nicht aus der Ruhe bringt. Wenn wir unserem Expartner begegnen und er uns nicht mehr aufregt mit seinem Gerede, weil wir wissen, dass wir gleich wieder weg sind und er jemand anderen vollquatschen darf. Wenn wir schlicht und ergreifend und doch so überwältigend feststellen, dass wir angekommen sind – bei uns.

Vom Umgang mit Gefühlen

Jeder muss für sich einen Weg finden, wie er mit seinen Gefühlen umgeht. Ich selbst beispielsweise habe viel geweint, Panikattacken überstanden, Depressionen durchlebt. Aber ich habe auch gelacht, geliebt, mich unterwegs gefunden. Irgendwann kam ich aus meinem Jammertal heraus und landete auf einer hellen Lichtung. Leider musste ich schmerzlich erkennen, dass ich damit noch nicht am Ende meines Weges angekommen war. Es war ein kurzer Zwischenstopp. Ein erholsames Picknick. Ein

Jahr nach der Trennung beutelten mich erneut meine Gefühle. Ein letzter Sturm der Hoffnung braute sich zusammen. Ich wollte noch einmal kämpfen. Heute weiß ich, dass es noch einmal richtig arg wehtun musste. Ich noch einmal ein Nein hören musste, um endgültig loslassen zu können. Und auch hier erkannte ich bald, dass es anderen genauso ging wie mir.

Szenen einer Trennung

Gleich nach der Trennung wollte er wieder eine Wohnung kaufen, in der Nähe bleiben. Dies sei ja auch praktisch und gut fürs Kind. Schließlich könne der Kleine auch unter der Woche mal schnell zu ihm und insgesamt wären die Wege kürzer. Dass er im gleichen Ort wohnen wollte, war für ihn klar, für mich unvorstellbar. Wir sprechen hier schließlich von einem kleinen Vorort, nicht von New York! Ich bat ihn daher, er möge im Umkreis suchen, nicht aber im gleichen Dorf. Das sei schließlich immer noch praktisch genug. Es sah danach aus, als würde er meinen Wunsch respektieren. Als ich nach fast zwei Jahren Trennung mitbekam, dass er beinahe eine Wohnung 150 Meter Luftlinie entfernt von unserer neuen Wohnung gekauft hätte, wurde ich zum Tier. Im wahrsten Sinne des Wortes, wie mir später auffiel. Empört erzählte ich meinen Freundinnen davon. Sie waren völlig irritiert, hatte ich doch erst fünf Sätze davor von meinen Schmetterlingen im Bauch berichtet. Aber manchmal wird aus einem schwebenden Schmetterling eben ganz schnell eine Horde trampelnder Büffel. »Immerhin ist er nicht in direkter Sichtnähe«, kommentierte die eine. »Klar«, dachte ich, »sehen kann ich ihn nicht, aber fast hinspucken, so nah ist er.« »Hast du Angst, ihn mit einer neuen Freundin zu sehen?« Nein. Das war definitiv nicht der Grund. Ich begann zu grübeln, suchte nach sinnvollen und verständlichen Gründen. Zu Beginn dachte ich schlicht und ergreifend: Ich will es einfach nicht. Das hatte ich in den letzten Jahren immerhin gelernt. Zu erkennen, was ich nicht will Erst viele Gedankengänge später taumelte mir die Erkenntnis entgegen. Es war eine instinktive Handlung, etwas, was tief in mir verwurzelt war. Uralte, vielleicht sogar animalische Reaktionen. Ich umkämpfte mein Revier. Das war *mein* Lebensraum, den ich mir in den harten vergangenen Monaten so schwer zurückerobert hatte. Es war mein Zuhause. Unser Zuhause. Das Nest, in dem ich mein Kind beschützte. Liebe war nicht mehr im Spiel, aber eine Art Besitzanspruch. Ich war wie eine Raubkatze, die ihre Haare aufstellt, einen Buckel macht und vor allem mächtig faucht, wenn ein Feind oder Fremder ins Revier eindringt. Auch mein neuer Partner hatte noch keinen Zugang zu meiner Wohnung erhalten. Noch hielt ich ihn aus meinem direkten Umfeld fern. Genau wie meinen Ex. Er sollte *meine* Freunde, *meinen* Ort, *mein* Leben in Ruhe lassen. Zu dem Zeitpunkt spürte ich, dass ich noch bereit war zu kämpfen und dass die Frage »Wann hört es auf zu dauern?« noch längst nicht beantwortet war.

Verarbeiten hat etwas mit einem Heilungsprozess zu tun. Und Heilung braucht Zeit. Unterstützen kann man die Heilung durch Medikamente, die von Diagnose zu Diagnose anders sind. Es gibt viele Wege, um zu verarbeiten, um mit Gefühlen umzugehen: An einem Morgen beispielsweise schnürte ich meine Joggingschuhe, lief im Wald eine für mich gewaltige Strecke, rannte einen Berg hoch und hielt oben inne. Dann schrie ich. Ich schrie ohne Grenze alle Gefühle aus mir heraus. Ich schwankte zwischen Lachen und Weinen, Wut und Erleichterung. Ich schrie für mein neues Leben. Danach lief ich zurück und umarmte zum Abschluss einen Baum. Verrückt? Vielleicht. Aber es hat mich im wahrsten Sinne des Wortes geerdet. Ich hatte das mal in einem Prospekt von einem Management-Trainingsteam gelesen und mich getraut. Einfach mal etwas Neues ausprobiert. Mir hat's geholfen und gesehen hat mich auch niemand. Natürlich gibt es noch viele andere Wege und Möglichkeiten. Probieren Sie es doch einfach mal aus:

> Schreiben Sie. Es muss nicht gleich ein Buch für die Öffentlichkeit sein. Schreiben Sie Tagebuch, wann immer Ihnen danach ist. Oder verfassen Sie Briefe. Einen an Ihren Expartner, einen an Ihre Schwiegermutter, an wen auch immer. Tun Sie sich bei dieser Variante nur den Gefallen und schicken Sie die Briefe niemals ab. Legen Sie sie in eine Box, lesen Sie sie in fünf Jahren noch einmal und lachen Sie dann herzlich darüber.

> Reden Sie. Mit Ihrer Freundin, Ihrer Trennungszeugin, Ihrer Mutter, mit anderen Alleinerziehenden. Oder suchen Sie sich professionelle Hilfe. Gerade bei Frauen ist es häufig so, dass das Reden hilft. Manchmal habe ich persönlich das Gefühl, dass die Worte, die einfach aus mir rausprudeln, erst dann eine überzeugende Reihenfolge ergeben, wenn sie vor mir liegen. Plötzlich ergibt es einen Sinn. Häufig brauche ich dann gar keinen Ratschlag mehr, weil alles so logisch erscheint.

> Packen Sie eine Trennungsbox. Bilder, Brautschuhe, die getrocknete rote Rose … Stecken Sie alles rein, was Sie nicht mehr brauchen, was Sie loslassen müssen. Und dann zerstören Sie die Box. Egal ob Sie diese vergraben, verbrennen, in eine Felsspalte oder ins Meer werfen – Hauptsache ist, Sie trennen sich von den Dingen.

> Trash your dress. Kennen Sie diesen Trend? Es geht hierbei darum, dem wunderschönen Hochzeitskleid noch einmal die letzte Ehre zu erweisen. Es richtig krachen zu lassen. Ein

Profifotograf setzt Sie mit Ihrem Kleid noch einmal richtig in Szene. Nicht aber auf die übliche romantische Art und Weise. Bei »Trash your dress« darf es noch mal richtig heiß hergehen. Ausgefallene Schauplätze, wie verlassene Industriegelände, Schrottplätze, Matsch und Moor und vor allem auch Flüsse und Seen, werden hier gerne als Kontrast zum weißen Kleid gewählt. Frauen sehen auf diesen Bildern oft unglaublich stark und selbstbewusst aus. Und das Schöne daran ist: Sie fühlen sich auch so. Sollte das Gefühl irgendwann nachlassen, muss man als Auffrischung nur die Fotos betrachten und diese gegen die alten aufgestellten Hochzeitsfotos austauschen.

> Besorgen Sie sich auf der nächsten Kirmes, dem Dorffest oder im Geschenkeshop einen Ballon mit Helium. Schreiben Sie mit einem wasserfesten Stift alle Dinge darauf, die Sie nerven, traurig stimmen, verärgern, frustrieren, wütend machen oder einfach nur Ihre Gedanken blockieren. Notieren Sie alles. Von mir aus auch Sätze wie »Peter ist blöd«. Wenn es Ihnen hilft – alles ist erlaubt. Und dann suchen Sie sich ein freies Feld und lassen Sie den Ballon steigen. Lassen Sie los, ganz bewusst. Wenn es Ihnen guttut, sagen Sie laut, was genau Sie loslassen wollen. Was da entschwebt. Schreien Sie es ruhig raus (daher auch das freie Feld). Und schauen Sie zu, wie der Ballon kleiner wird. Eben war er noch ganz präsent, direkt vor Ihrer Nase, greifbar, einfach da. Doch es geht vorbei. Nach und nach. Wenn Sie loslassen.

Solche Trennungsrituale helfen. Warum glauben Sie, dass die Menschen seit Tausenden von Jahren an Ritualen festhalten? Sie halten fest, um loszulassen.

Die Macht der Musik

Kennen Sie das: Sie hören ein Lied im Radio und sofort schießen Ihnen wundervolle Erinnerungen an einen Urlaub in den Kopf, den Sie schon längst vergessen hatten. Lieder erinnern uns an unsere alten Jugendfreunde, den Umzug in die Studentenbude, die erste Disco, die wir besucht haben. Es gibt Lieder, von denen wir wissen, dass wir sofort die Füße im Takt bewegen. Es gibt Lieder, die uns nach den ersten fünf Noten zu Tränen rühren. Es gibt Lieder, bei denen wir im Auto lauthals mitsingen und unsere Sorgen gegen das Armaturenbrett schmettern.

In den Zeiten der Trennung war meine Playlist wie folgt bestückt:

> Ich & Ich: Mach dein Licht an
> Unheilig: Geboren, um zu leben
> I wanna live forever aus dem Musical »Fame«
> Tina Turner: You're simply the best
> Gloria Gaynor: I will survive
> Peter Maffay: Selbstvertrauen
> und viele mehr ...

Welche Lieder können Sie immer und immer wieder hören? Welche Lieder helfen Ihnen, wenn Sie traurig sind? Bei welchen Songs können Sie bedingungslos heulen und fühlen sich hinterher dennoch besser? Welche Lieder machen Ihnen Mut, geben Selbstvertrauen? Welche sind es, die einfach gute Laune machen? Machen Sie es wie früher, als wir noch Lieder aus dem Radio auf Kassetten aufnahmen und daraus das Medley unseres Lebens mischten. Stellen Sie sich Ihre Lieder zusammen und lassen Sie diese wirken!

Frei durch Loslassen

Viele Frauen bestätigen, dass sie sich erst frei gefühlt haben, nachdem sie lernten, loszulassen. Und unerwartet ist sie dann da, die Ruhe, von der wir eben sprachen. Man merkt nicht, wie sie sich anschleicht, sich in unserem Inneren verankert und für uns da ist. Plötzlich scheinen wir sie in uns zu tragen. Wir stellen fest, dass wir endlich wieder frei atmen können. Dass wir uns für einen kleinen Moment nicht mehr einsam fühlen, wenn wir alleine auf dem Sofa sitzen. Wir registrieren, dass wir uns freuen und unbeschwert lachen, weil wir spontan mit unseren Kindern in Halbschuhen durch alle Pfützen der Siedlung gesprungen sind. Wir verspüren Glück und Ruhe. Nicht immer. Nicht jederzeit. Und ganz ehrlich, ich kenne keine Mutter, egal in welchem familiären Umfeld, die je behauptet, sie führe ein »ruhiges Leben« mit ihren Kindern. Der manchmal chaotische, häufig aufreibende, stressige und gelegentlich unübersichtliche Alltag unserer kleinen Ein-Eltern-Familie wird bleiben, aber unser Inneres wird irgendwann Ruhe finden — freuen Sie sich darauf!

Um diesen Weg der Gefühle zu beschreiten, hilft es nicht nur, in die Vergangenheit zu blicken und in die Zukunft zu schauen, sondern auch und vor allem die Gegenwart zu registrieren. Wenn Sie nämlich ein wenig genauer hinsehen, werden Sie feststellen, dass es Ihnen vielleicht bereits besser geht, als Sie denken. Sie entdecken die Vorteile und schönen Seiten. Bemerken, dass Sie gar nicht neidisch auf andere sein müssen. Aus dem tollen Eigenheim der Schwägerin wird bei genauerer Betrachtung ein ungemütliches Zuhause, kalt wie ein Mausoleum. Die tolle Firma einer Bekannten wurde durch vermeintliche Lebenspartner finanziert, die in Wirklichkeit mit Sex bei der Stange gehalten wurden, um sie im rechten Moment fallen zu lassen. Ist das Ihre Vorstellung von Liebe und Erfolg? Sie hören schlaue Sprüche von Menschen, die ihre eigenen Beziehungen hassen.

Bekommen Kritik und Hohn über das Scheitern Ihrer Ehe von Personen, die selbst nie geheiratet haben und an ihrem 40. Geburtstag frustriert Brautkleider anprobieren, die sie nie tragen werden. Weil sie keiner je fragen wird.

Sind Sie wirklich neidisch? Geht es Ihnen tatsächlich so viel schlechter? Ein Blick hinter die Fassaden der oft so schimmernden Leben lohnt sich. Nicht, um andere schlechtzumachen. Nicht, um sich am Unglück anderer zu erfreuen. Nichts liegt mir ferner. Einzig und allein, um das eigene Leben mit all seinen Umständen wieder schätzen zu lernen und ins rechte Licht zu rücken. Richten Sie den Scheinwerfer also auf Ihr eigenes Leben. So wird es erstrahlen.

Szenen einer Trennung

Eine Mutter berichtete, dass sich nahezu zeitgleich zu ihrer Scheidung die Trennung einer Freundin ereignete. Die Freundin war nicht verheiratet und kinderlos. Für die Mutter sah es im ersten Moment nach der vermeintlich einfacheren Trennung aus. Sie konnte »ihm« aus dem Weg gehen, den Kontakt kappen, die Abende auf der Suche nach Ablenkung in angesagten Bars verbringen. Sie arbeitete Vollzeit, verdiente dadurch ausreichend Geld und war auch beim Umzug recht flexibel.

Als die beiden abends bei einem kühlen Weißwein beisammensaßen, wendete sich das Blatt auf einmal. »Du hast wenigstens dein Kind. Mir bleibt nach elf Jahren Beziehung nichts außer Kratzer auf den Möbeln und meiner Seele.«

Eine ganz neue Sicht

Verarbeiten bedeutet auch, die Sichtweisen zu ändern und Situationen anders zu bewerten. So werden Sie zum Beispiel auch lernen, nicht nur zu hören, was Ihre Kinder sagen, sondern auch zu verstehen, was sie wirklich meinen. Hier zwei Beispiele:

»Ich hab den Papi viel lieber als dich.« Dieser schon oben zitierte Satz trifft uns tief. Es schießen uns die Tränen in die Augen. Wir opfern uns auf, geben alles Menschenmögliche, um uns dann von unserem Kind sagen zu lassen, dass ausgerechnet der Part, der am wenigsten zu einem guten Miteinander beiträgt, am meisten Liebe erfährt. Dabei spiegelt unser Kind in diesem Satz letztlich die Liebe und vor allem die Sehnsucht wider, die es dem fehlenden Elternteil entgegenbringt. Wie oft sagt Ihr Kind Ihnen, dass es Sie liebt? Wahrscheinlich häufiger als Ihrem Ex, oder? Es geht davon aus, dass Sie das wissen, durch sein Dasein spüren und es nicht notwendig ist, Ihnen das ständig zu bestätigen. Sie sind eine feste Größe in seinem Leben. Um Sie braucht es nicht zu bangen. Um den Vater jedoch schon. Sehen Sie solche Sätze also nicht als Angriff gegen Sie persönlich. Sehen Sie sie als verbalen Ausdruck eines Emotionsgemisches aus Liebe und Sehnsucht.

»Ich hau einfach ab und gehe zum Papa. Wenn er entscheiden kann, dass er ausziehen darf, kann ich das auch entscheiden.« Kinder fühlen sich machtlos. Je kleiner sie sind, umso weniger können sie selbst entscheiden, wo sie leben wollen. Und selbst bei Größeren spielen die Lebensumstände nicht immer mit, und so müssen sie doch woanders leben, als gewollt. Das Kind spiegelt in diesen Sätzen seine Machtlosigkeit wider. Es geht nicht darum, Sie zu verlassen. Kinder würden den anderen Elternteil meist mindestens genauso schnell vermissen. Kinder wollen eine Wahl haben, selbst entscheiden. Sie wollen ihre große Sehnsucht nach dem fehlenden Elternteil stillen. Sie wollen Sie nicht bewusst im

Stich lassen. Es geht nicht darum, von Ihnen wegzukommen, sondern zum Partner hin. Das ist ein riesiger Unterschied! Nehmen Sie solche Äußerungen also nicht persönlich, aber durchaus ernst. Ihr Kind bringt damit seine Gefühle in Kombination mit seiner Sehnsucht zum Ausdruck. Hören Sie genau hin und halten Sie die Gespräche in Gang. So erfahren Sie, wie es Ihren Kindern geht, und können bei Bedarf entsprechend reagieren.

Wozu statt warum?

>>>>>　　　　　**LICHTBLICK**

Wir müssen keine Berge versetzen, wir müssen sie nur überwinden!

Dazu reicht es hin und wieder aus, nicht ständig in der Frageschleife »Warum? Warum? Warum?« zu verharren, sondern sich hin und wieder zu fragen: »Wozu?« Erinnern Sie sich noch an die Zeit, in der Ihre Kinder Sie ständig fragten: »Warum …?« Auch wenn wir uns noch so sehr anstrengten, nicht auf jede Frage gab es eine passende Antwort. Wahrscheinlich werden Sie hier auch nie die eine, vollauf befriedigende Antwort finden. Schluss also mit dem Warum! Fragen Sie lieber »Wozu?« Wozu? Vielleicht, um Ihrem Leben eine völlig neue Wendung zu geben. Vielleicht für eine neue/zweite/dritte Chance. Vielleicht, um Ihr Bewusstsein für die Dinge zu schärfen, die jetzt wieder in den Vordergrund treten. Vielleicht, um daran zu wachsen. Vielleicht, damit es aufhört zu dauern. Vielleicht aber auch aus einem völlig anderen Grund. Die Gründe sind vielfältig und ein einziger reicht bereits aus. Wie wäre es zum Beispiel mit dem Wunsch, wieder glücklich zu sein und aufzublühen?

Werden Sie zur Mimose

Kennen Sie den Begriff »Flourishing«? Es ist ein neues Schlag-wort, das die Coachingwelt erobert und für das »Aufblühen von Menschen« steht. Ein Vortrag von Sabine Asgodom, der bekann-ten Rednerin und Bestsellerautorin, riss mich so sehr mit, dass mir dieser Begriff nicht mehr aus dem Kopf ging. Abgesehen davon, dass diese Frau ein absolutes Phänomen ist und jeder ih-rer Vorträge einfach nur guttut, dachte ich mir: Aufblühen, das ist es! Dieses Bild der Blume lässt sich nämlich wundervoll auf unsere Situation übertragen.

Nach einem heftigen Unwetter, das unser gesamtes Leben durcheinandergewirbelt hat, bleiben wir im wahrsten Sinne des Wortes geknickt zurück. Wir verströmen keinen betörenden Duft mehr (außer wir verkriechen uns tatsächlich und duschen zwei Wochen lang nicht) und noch weniger erstrahlen wir. Die Blüte ist zu, der Körper geknickt. Um wieder aufblühen zu können, müssen wir uns erholen. Wir und unsere Seele benötigen Zeit und Pflege. Wir müssen uns den positiven Seiten des Lebens, der Sonne, zuwenden. So tanken wir neue Energie, sehen die Welt in bunten Farben und spüren die Wärme, die uns umgibt. Wenn wir dann ein wenig gestärkt sind, der Stängel und unser Rücken sich wieder etwas aufrichten und wir den Kopf heben, dann wird es Zeit, lästiges Ungeziefer loszuwerden. Egal, ob gefräßige Raupen (die uns die Zeit stehlen, wie beispielsweise die unsympathische Nachbarin, die nur mal hören will, wie es uns geht, um die ei-gene Neugier zu stillen) oder Spinnenbefall (Menschen, die uns in ihrem Netz gefangen nehmen und uns schaden). Wir müssen uns dessen bewusst werden und dagegen ankämpfen. Es müssen ja nicht gleich giftige Pestizide sein. Natürlich sollten wir auf aus-reichend Wasser und hin und wieder etwas Dünger achten. Dann schaffen wir es auch, bald wieder in neuer Pracht zu erblühen. Zu strahlen, zu begeistern und sichtbar zu werden.

Welche Pflanze wären Sie gerne? Eine elegante Calla, die sich ihrer selbst wieder bewusst wird? Ein Baum, der tief verwurzelt kaum umzuwerfen ist? Eine Hecke, die ihr Zuhause sicher umgibt? Oder vielleicht eine Mimose? Nein? Warum nicht?

Bleiben wir bei der Mimose. Was für ein Schimpfwort! Überempfindlich, leicht reizbar, zieht sich zurück, wenn man sie auch nur ein wenig berührt. Besonders hübsch ist sie auch nicht. Warum also sollte ich gerade diese Blume als positives Beispiel für unsere Situation wählen? Darum:

Szenen einer Trennung

Mein Sohn und ich gingen durch ein Gartencenter auf der Suche nach frühlingshafter Terrassenbepflanzung. Er wollte auch eine Pflanze, am liebsten Schneeglöckchen. Gab es aber nicht mehr. Dafür war es schon zu spät. Eine große Auslage von Mimosen erregte jedoch meine Aufmerksamkeit und plötzlich hatte ich eine zündende Idee: eine Jungs-Action-Blume. Mein Sohn kannte den Begriff Mimose noch nicht, hatte keine negativen Assoziationen. Und so verkaufte ich ihm die angeblich so langweilige Mimose als perfekt geeignete Pflanze für Jungs. Denn was wollen Jungs? Action! Was macht die Pflanze, wenn man sie berührt? Sie bewegt sich. Wer braucht schon wunderschöne Blüten, die stumm wie Plastik dastehen! Diese Pflanze schien zumindest ihren eigenen Kopf zu haben. Wenn ihr was nicht passte, reagierte sie entsprechend. Sie lebt, ganz offensichtlich, und zwar noch heute. Und noch immer zeigt mein Sohn seine Jungs-Action-Blume voller Stolz und entlockt seinen Kumpels damit ein anerkennendes »cool«!

Sie sehen, jede Pflanze hat ihre guten Seiten, ihren Lebenssinn und ihre Daseinsberechtigung. Suchen Sie sich eine aus und erblühen Sie!

Ich habe leicht reden? Nein, all diese Dinge schreibe ich, weil ich sie selbst durchlebt, ja häufig durchlitten habe. Kurz nach der Trennung scheint es nicht möglich zu sein, je wieder glücklich zu werden und ins Gleichgewicht zu kommen. Dann gibt es irgendwann den Moment, in dem wir das Gefühl haben, nichts könne uns erneut zu Fall bringen. Wir fühlen uns stark und sicher. Doch weder das eine noch das andere entspricht dauerhaft der Realität und wird fester Bestandteil unseres Lebens. Genau wie Glück sind diese Dinge flüchtig und nicht von Dauer.

Versuchen Sie Ihr Leben, Ihre Gefühle und sich selbst so zu akzeptieren, wie sie sind. Ich war am Boden zerstört, als meine Familie zerbrach. Ich begann zu schweben, als ich zum ersten Mal in Gegenwart eines anderen Mannes ein Kribbeln verspürte. Ich brach eineinhalb Jahre nach der Trennung in Tränen aus, weil wir vor Gericht offiziell die Scheidung einreichten. Ich habe das untrügliche Gefühl, mir stehen noch so einige emotionale Achterbahnen bevor. Und soll ich Ihnen was sagen? Ich habe keine Angst mehr davor. Denn bei all den traurigen und häufig auch frustrierenden Gefühlen dürfen wir eines nicht vergessen: Es gibt auch viele wundervolle Emotionen, die wir in dieser Zeit durchleben. Und die mögen hoffentlich niemals aufhören zu dauern.

Glück

Glück ist flüchtig, wie ein schüchternes Lächeln.
Glück ist überwältigend, wie eine Überraschung.
Glück ist wie ein Sonnenstrahl zwischen Gewitterwolken.

Glück hat viele Gesichter und ist nicht immer leicht zu entdecken. Manchmal müssen wir die Augen ganz weit öffnen oder einen neuen Blickwinkel einnehmen. Manchmal müssen wir die Augen schließen. Wichtig ist, dass wir es sehen wollen. Denn wenn wir uns mit dieser neuen Einstellung umschauen, spüren wir es plötzlich überall. In dem fröhlichen Gekicher und Gegluckse unserer Kinder beim Spiel, in den süßen Erdbeeren, die wir uns frisch vom Markt mitgenommen haben, in der Freundin, die bepackt mit Taschentüchern, Eis und einer DVD vor unserer Tür steht, in der Tatsache, dass der Vater unserer Kinder regelmäßig den Unterhalt zahlt, statt sich dagegen aufzulehnen, in dieser wundervollen freien Zeit, die wir mit einem Buch auf dem Sofa verbringen.

Wo finden Sie Ihr ganz persönliches Glück? Welche Momente geben Ihnen dieses wohlige, zuckerwatteweiche Gefühl, das das Leben so lebenswert macht?

Wer Glück gehabt hat, muss nicht zwangsläufig glücklich sein. Wir müssen also auf niemanden neidisch sein. Beim Schreiben dieser Zeilen läuft im Fernsehen zum Beispiel gerade die Traumhochzeit von William und Kate. Milliarden von Menschen verfolgen dieses wahr gewordene Märchen, die Erfüllung eines Mädchentraumes, die Geschichte vom Mädchen, das ihren Prinzen gefunden hat. Sie ist wunderschön, trägt das Brautkleid eines Topdesigners und heiratet den begehrtesten Junggesellen der Welt. Glück gehabt, die gute Kate. Ist es wirklich Glück? Glauben Sie nicht, dass auch sie Probleme mit der angeheirateten Familie haben könnte? Ist es so toll, den Prinzen an der Seite noch nicht einmal küssen und knuddeln zu können, wie man es gerade vor lauter Liebe möchte?

Oder nehmen wir die Bewerberin, die den Job bekommen hat, den wir so gerne selbst ergattert hätten. Es war schließlich der einzige, der uns so gut gefallen hat. Die hat halt Glück gehabt, weil sie keine Kinder hat und sich deshalb mit allem, was sie hat, ins Zeug legen konnte. Da finden im Vorstellungsgespräch keine Diskussionen über mögliche Ausfallzeiten statt. Hat sie wirklich Glück gehabt, wenn sie zwar den Job, aber keine Kinder hat?

Neid macht uns das Glück madig. Wie eine kleine faule

Stelle, die den gesamten Kuchen verdirbt. Streuen Sie lieber noch eine Portion Puderzucker und Wohlwollen darüber und genießen Sie es. Picken Sie es auf wie einen kleinen Krümel.

Glücklich ist nicht, wer anderen so vorkommt, sondern wer sich selbst dafür hält.

Seneca

Zuversicht und Stolz

In schwierigen Zeiten, in denen man kämpft, traurig ist und weint, ist es wichtig, die Zuversicht nicht zu verlieren. Die Gewissheit, dass in uns die Kraft und die Möglichkeiten stecken, stets aufzustehen, wenn wir gefallen sind. All die Dinge, die wir dafür tun, sollten uns stolz machen. Denn das ist eine wundervolle Leistung, etwas Besonderes. Dieser tiefe innere Stolz wird das Fundament für Ihre Zuversicht sein. Eines bedingt das andere.

Überlegen Sie zum Beispiel, was Sie bereits in Ihrem Leben gemeistert haben. Jetzt aber bitte nicht anfangen, eine Liste aller Herausforderungen und negativer Erlebnisse aufzustellen, um dann die Hände über dem Kopf zusammenzuschlagen. Es geht nicht darum, was Ihnen Negatives passiert ist, sondern einzig und allein darum, wie Sie Situationen erfolgreich gemeistert haben: Worauf können Sie stolz sein? Wie haben Sie es geschafft? Na, da gibt es doch bestimmt einiges, was Ihre Zuversicht stärken wird! Und wenn Sie selbst wieder diese Zuversicht spüren, werden Sie bestimmt auch all die Komplimente wieder hören können, die Ihnen Ihr Umfeld macht. Denn auch diese täglichen kleinen Dinge tragen dazu bei, unseren gesunden Stolz zu stärken und damit wieder vertrauensvoll in die Zukunft zu blicken. Sie können das. Sie schaffen das. Sie sollten stolz darauf sein!

Zufriedenheit

Manche Menschen sagen, Zufriedenheit sei kein erstrebenswerter Zustand. Man solle sich mit nichts zufriedengeben, da man dann aufhöre, nach mehr zu streben und sich weiterzuentwickeln. Ich persönlich sehe das etwas differenzierter. Wenn ich durch Zufriedenheit beginne zu stagnieren, mein Können und Sein in der Ecke verstauben lasse, statt mein Leben in die eigene Hand zu nehmen und voranzutreiben, dann stimme ich der oben genannten Einschätzung ein wenig zu. Wenn wir aber gerade in einer schwierigen Lebenslage sind und am Boden liegen, kann der Zustand von Zufriedenheit durchaus positive Seiten haben.«

Laut Wikipedia heißt es: »Zufriedenheit ist gemäß dem Bedeutungswörterbuch des Duden: a) innerlich ausgeglichen zu sein und nichts anderes zu verlangen, als man hat; b) mit den gegebenen Verhältnissen, Leistungen o. ä. einverstanden zu sein, nichts auszusetzen zu haben.«

Also: Hadern Sie nicht so häufig, sondern suchen Sie nach den lebenswerten Dingen. Denn diese stecken sehr oft bereits in unserem Alltag und werden schlichtweg übersehen. Nehmen Sie sich auch in schwierigen Zeiten die Zeit, spüren Sie Ruhe und Zufriedenheit. Vielleicht gelingt es zu Beginn nicht immer sofort, denn Zufriedenheit setzen wir allzu schnell mit Glück und überschwänglichen Gefühlen gleich. Zufriedenheit ist manchmal aber ganz leise und dezent. Mir ist meine Zufriedenheit meist dann erst aufgefallen, wenn ich bemerkte, dass etwas anderes mir fehlte. Wenn ich beispielsweise nicht wütend oder traurig war, nicht am Boden zerstört oder halb im Chaos versinkend. Wenn ich nach überstandenem Tag für einen Moment innehielt und keinen Schmerz verspürte. Dann war ich bereits zufrieden. Es hängt also von Ihnen ab, womit Sie sich zufriedengeben und wann Sie einfach mal nichts auszusetzen haben. Es liegt in Ihren Händen, zufrieden zu sein. Schöner Gedanke, finden Sie nicht?

Liebe

Ein weiteres wundervolles Gefühl ist die Liebe. Trotz Trennung geht sie niemals verloren. Es gibt einen schönen Spruch, der sich im Ursprung auf Freundschaft bezieht, aber durchaus abgewandelt werden kann: »Liebe ist wie Sterne am Himmel. Auch wenn man sie nicht sieht, sind sie immer da.« Manchmal verziehen sich die Wolken und lassen das Wunderbare durchblitzen. Dann plötzlich sehen wir sie, die Sterne und die Liebe. Denn Liebe ist nicht nur in einer Partnerschaft zu finden. Liebe steckt hinter jeder Ecke, in jedem Winkel unseres Lebens. Oft überrascht sie uns. Manchmal versteckt sie sich. Gehen Sie auf die Suche und vertrauen Sie darauf, fündig zu werden. Und dann: Genießen Sie das Gefühl! Die Liebe zu Ihrem Kind, zu Ihren Eltern und der Familie, zu den engen Freunden. Irgendwann, wenn Sie bei sich angekommen sind, sich selbst wieder lieben, werden Sie bereit sein, dieses Gefühl auch mit einem Partner erneut zu teilen. Seien Sie geduldig und freuen Sie sich schon darauf!

Und denken Sie an Goethes Worte: »Auch aus Steinen, die einem in den Weg gelegt werden, kann man etwas Schönes bauen.«

Mama wird sich selbst bewusst

Sich selbst wiederentdecken und eigene Wege gehen

Viele Frauen, und im Besonderen Mütter, reiben sich schon in einer vermeintlich funktionierenden Ehe und Familie auf. Sie stellen die Kinder auf ein Podest, hegen und pflegen sie. An zweiter Stelle kommt der Partner. Es reihen sich die eigenen Eltern, gute Freunde, ja selbst der verhasste Nachbar und Elternbeirat der Schule fröhlich in die Riege der zu Umsorgenden ein. Und nach Haus und Hof, Pflegehund und Blattlaus kommen irgendwann sie selbst einmal dran. Stimmt nicht? Dann beantworten Sie bitte folgende Fragen:

Sie gehen mit einer guten Freundin endlich mal zum Shoppen. Am Abend befinden sich in Ihren Taschen:
1. Lauter Dinge für die Kinder.
2. Das Oberteil, nach dem Sie ursprünglich schauen wollten.

Sie wollten am Wochenende mit Ihrer Familie wandern gehen. Sie persönlich haben sich schon unheimlich darauf gefreut. Am Morgen möchten die Kinder aber lieber zum Schwimmen. Sie gehen
1. trotzdem wandern.
2. ins Schwimmbad.

Ihre Mutter wollte auf die Kinder aufpassen, damit Sie endlich zum Friseur können, um Ihren Ansatz, der bereits bis zur Schulter reicht, einzufärben. Doch plötzlich kündigen sich drei betagte Rommé-Klub-Freundinnen bei Ihrer Mutter an.

1. Sie haben Verständnis, verschieben den Termin erneut und bieten an, einen Kuchen zu backen.
2. Sie erstrahlen am Abend in neuem Glanz.

Ihre Kollegin bittet Sie kurz vor Feierabend, doch eben noch die eine Statistik für sie fertig zu machen. Sie seien der Profi der Abteilung in Zahlenfragen. Eigentlich wollten Sie aber doch zum Sport.

1. Sie wünschen der Kollegin viel Spaß beim Sport.
2. Sie haben selbst viel Spaß beim Sport.

Ihr Mann hat die einmalige Chance, mit seiner Firma als Anreiz nach Los Angeles zu fliegen. Was für ein Angebot! Leider geht der Termin über Ihren Geburtstag. Wo wird er an Ihrem Geburtstag sein?

1. Bei Ihnen.
2. In L.A.

Und? Wie sehen die Antworten aus, wenn Sie ganz ehrlich sind? Wahrscheinlich könnten wir das Fragespiel noch endlos weiterführen und in mehr als 80 Prozent der Fälle würden die anderen den Vortritt erhalten. Grundsätzlich ist es ja auch gut, wenn wir uns kümmern, anderen einen Gefallen tun und uns engagieren. Ohne diese Grundeinstellung gäbe es wahrscheinlich keine gemeinnützige Arbeit, keine Ehrenämter und langjährige Freundschaften. Mein Anliegen ist es auch nicht, Sie zu einem Verweigerer und notorischen Neinsager werden zu lassen. Doch hin und wieder – und zwar immer öfter – sollten Sie eben auch an sich selbst denken!

Selbstwert heißt, es sich selbst wert zu sein

Viele Frauen leiden nach der Trennung an einem angeknacksten Selbstwertgefühl. Und wenn es nur angeknackst und immerhin noch vorhanden ist, haben die meisten schon Glück gehabt. Sie schieben diesen Verlust des Selbstvertrauens und der eigenen Wertschätzung auf das Verlassenwerden. Sie haben nicht ausgereicht, waren nicht gut genug, es nicht wert, weiterhin geliebt zu werden. Oder aber sie bestrafen sich selbst, weil sie vielleicht die Entscheidung getroffen haben zu gehen, weil sie es nicht geschafft haben, die Situation und damit die Familie zu retten. Ich möchte an dieser Stelle gar nicht weiter darauf eingehen, dass diese niederschmetternden, sehr eindimensionalen Gedanken nur einen kleinen Teil der Wahrheit widerspiegeln. Wir sind nicht schlecht, keine Opfer oder Versager!

Der Verlust des Selbstwertes beginnt oft viel früher. Bereits während der Beziehung. Im Alltag. Dann, wenn wir uns verlieren, unser eigenes Ich nur noch hintanstellen und es viel zu selten wieder an die erste Stelle rücken lassen. Viele große und kleine Vorwürfe kratzen so lange, bis die Furchen sehr tief sind. Sätze wie »Du bist doch einfach zu blöd, um ...« »Du hast in letzter Zeit aber ganz schön zugenommen«, »Lass das mal mich machen, dafür hast du noch nie Talent gehabt« usw. bleiben nicht ungehört.

Lieben Sie sich so, wie Sie sind. Ohne Rechtfertigungen, ohne Ausreden. Tun Sie es ab heute, ab jetzt, ab sofort!

In Seminaren habe ich zwei Möglichkeiten kennengelernt, die das Selbstwertgefühl stärken und deutlich machen, wie viele wundervolle Züge es an uns gibt.

1. Variante: Schreiben Sie wieder. Egal, ob in einem schicken ledergebundenen Notizbuch oder im ausrangierten Schulheft Ihres Kindes. Notieren Sie jeden Abend, was Ihnen an dem vergangenen Tag gut gelungen ist. Worauf können Sie stolz sein, was haben Sie erreicht, wofür wurde Ihnen Dank ausgesprochen? Notieren Sie alles, was Ihnen einfällt, und lassen Sie nichts unter den Tisch fallen, weil Sie es für unerheblich halten. Da könnte zum Beispiel stehen:

> Lob für den Kuchen beim Kinderbasar erhalten
> In der Arbeit den Kundenauftrag ergattert
> Bin beim Sport gewesen und hab Spaß gehabt

Ihnen fällt nichts ein? Da gibt es einfach nichts Gutes? Sicher nicht? Na, ich gehe mal davon aus, dass Sie zumindest aufgestanden sind und Ihren Alltag gemeistert haben, obwohl Sie sich vielleicht am liebsten verkrochen hätten. Dann tragen Sie eben das ein. Dies ist nämlich in dieser Situation oft auch schon eine kraftraubende und bewundernswerte Leistung!

2. Variante: Kaufen Sie sich eine Packung Dekosteinchen. Statt zu schreiben, legen Sie jeden Abend für jeden einzelnen Punkt einen Dekostein in eine schöne Schale. Jedes Lob lässt einen weiteren Stein in die Schale gleiten. Sie werden erstaunt sein, wie viele Steine sich nach wenigen Tagen oder gar Wochen ansammeln.

Und dann genießen Sie es! Lassen Sie die bunten Steine durch Ihre Hände gleiten. Hören Sie das satte Klimpern? Blättern Sie durch die vollgeschriebenen Seiten Ihres Notizbuches. Lesen Sie mal hier und da und erfreuen Sie sich an den vielen kleinen und großen Leistungen, die Sie täglich erbringen. Sie sind gut! Sie sind es wert! Sie haben es sich verdient!

Man kann sich nicht größer machen, nur kleiner

In der Trennungsphase, ja eigentlich noch Jahre später, fühlte ich mich häufig klein. Klitzeklein. Vielleicht war es deshalb so leicht für ihn, mich zu treffen. Mal wieder. Einfach so. Aus der Deckung heraus, während ich ungeschützt auf die bestehende Basis vertraute. Alles, was bisher stabil geklärt war, geriet ins Wanken. Mir war schon klar: Würde er an das Kind wollen, würde ich zur Kämpferin. Ich machte mich groß, verteidigte das, was ich liebte. Aber kämpfen kostet Kraft, Energie und jede Menge Nerven. Dinge, die man während einer Trennung ungefähr so ausreichend hat wie ein stilles Mineralwasser Kohlensäurebläschen. Hinterher fühle ich mich stets wie ein ausgeleierter Luftballon. Als hätte man ein Loch in mich gestochen, aus dem beständig Luft entweicht. Die Welt im Allgemeinen und jeder Einzelne konnte mir meinen eh schon gekrümmten Buckel runterrutschen.

Ein befreundeter Kinderpsychologe musste es mir schon an der Tür angesehen haben, als wir uns auf einen Kaffee trafen. Gott sei Dank, denn er sagte im anschließenden Gespräch einige Dinge, die mich noch lange zum Nachdenken anregten. Ich möchte Ihnen davon berichten, weil es vielleicht auch in Ihnen Assoziationen und Gefühle hervorrufen wird, die Ihnen weiterhelfen. Keine ärztlichen, psychologischen Ratschläge. Nein, das nicht, aber wertvolle Erfahrungen eines Menschen, der, wenn vielleicht nicht genau das Gleiche, aber doch eine sehr ähnliche Lebenskrise durchlebt hat.

Zu Beginn erzählte ich. Die Worte knallten mit einer Wut in den Raum, die mich selbst überraschte. Dann kam mir ein Bild in den Sinn und mit ihm schossen mir Tränen in die Augen. Es war, als stünde ich vor einem übermächtigen Wesen. Es hielt seine Hand ausgestreckt vor sich und drückte mich Gnom an der Stirn so weit von sich weg, dass es unerreichbar war. Wie die großen Jungs früher auf dem Schulhof. Man konnte die Fäuste schwingen, wie man wollte, nie waren sie bei einer ehrlichen frontalen Konfrontation erreichbar. Wir zeichneten daraufhin die zwei Strichmännchen mit ihren unterschiedlichen Proportionen. Dann malte mein Kind sich selbst noch viel kleiner neben mich. »Was, wenn jetzt ein Tiger dieses kleine Männchen bedrohen würde?«, fragte unser Bekannter. »Die kleine Mama wäre nach dem noch kleineren Kind ja nur ein weiterer kleiner Happen, würde sie das Kind beschützen wollen.«

Da musste wohl der starke Papa her. Ich griff automatisch zum Stift und malte schwungvoll eine große Person auf das Papier. Sie überragte alle. »Wenn einer es auch nur wagt, mein Kind anzugreifen, werde ich selbst riesig und wachse über mich hinaus.« Warum die Person ausgerechnet eine Bratpfanne in der Hand hielt, um den Tiger zu erschlagen, weiß ich nicht. Aber die folgenden Worte habe ich nicht vergessen: »Warum machst du dich klein?« »Mach ich ja nicht. Ich bin klein und werde groß, wenn ich mein Kind ›verteidigen‹ muss.« »Das stimmt nicht. Du kannst dich nicht groß machen. Wer zwei Meter groß ist, kann sich auf 1,60 m ducken. Wer 1,60 m groß ist, kann sich nicht auf zwei Meter verlängern.« Der Freund ließ die Worte in mir ruhen, während er mit meinem Kind Tischtennis im Freestyle-Raum-Format spielte. Dieses Pingpong, Hin und Her, brachte weitere Gedanken in Bewegung. Von allein schrieb ich über die Zeichnung: »Du kannst dich nicht kleiner machen. Wenn du für dein Kind groß sein kannst, bist du groß!«

Was für eine wertvolle Erkenntnis. Das Bild habe ich mitgenommen. Zusätzlich dazu habe ich ein Foto an den Kühlschrank gehängt. Es zeigt mich beim Bogenschießen. Ich stehe aufrecht, mein Blick ist fokussiert, der Bogen bereit zum Abschuss. »Nur wer loslässt, kann einen Volltreffer landen.« Unter diesem Motto hängt das Foto sehr gut sichtbar im Raum. Vielleicht mag das nicht jeder, findet das zu aufdringlich, falls jemand zu Besuch kommt. Aber unter uns: Sollte es uns nicht wichtiger sein, wie wir uns fühlen, statt darüber nachzudenken, was andere darüber denken könnten? Wenn ich mich wieder mal klein fühle, zu verschwinden scheine, schaue ich auf das Bild. Ich drücke meinen Rücken durch und werde mir bewusst, wie groß ich wirklich bin, und höre auf, mich kleiner zu machen.

Entscheidungsfreiheit statt fremdgesteuertes Opfer

Die Wohnungstür schließt sich. Das Kind ist frisch geduscht, gesund und mit erledigten Hausaufgaben an den Papa ins fröhliche Legoland-Wochenende übergeben. Wir könnten durchatmen, uns mit unserer To-do-Liste oder einer lieben Freundin beschäftigen. Erleichtert in den Tag starten und etwas aus ihm machen. Stattdessen drehen sich in unserem Kopf stets die Gedanken »Warum muss ICH eigentlich immer alles organisieren, bedenken, erledigen, auffangen und so vieles mehr? Woher soll ICH die Kraft dafür nehmen? Warum immer ICH?« Diese Gedanken lasten schwer auf uns. Das Gewicht drückt uns runter, beginnt uns zu lähmen. Der Fokus unseres Denkens und Fühlens lässt sich kaum noch auf etwas Positives richten. Eine Gefangenschaft in Verpflichtungen, die man sich nicht selbst ausgesucht hat. Es ist so verdammt gemein. Einfach nur ungerecht. Er hat es so leicht, während wir alle Belastungen tragen.

Ist es das tatsächlich? Einfach nur ungerecht und gemein? Haben wir wirklich keine Wahl?

Durchbrechen Sie den Kreislauf

Doch! Wir haben die Wahl! Auch in den schwierigsten Momenten unseres Lebens haben wir stets eine Wahlmöglichkeit. Wir können selbst entscheiden. Selbst wenn es manchmal »nur« darum geht zu entscheiden, wie wir mit einer Situation umgehen. Denn dieses »nur« ist etwas ganz Wesentliches. Wir sind auf unserem Lebensweg ins Straucheln gekommen. Vielleicht sogar böse auf die Nase gefallen. Nun gilt es aufzustehen und sich den Staub von den Kleidern zu klopfen und weiterzugehen. Stehen zu bleiben und zurückzublicken bringt niemanden ans Ziel. Wir müssen nach vorn schauen und uns bewegen. Mal einen großen Sprung machen, mal kleine Schrittchen. Selbst wenn wir hin und wieder einen Schritt zurückgeworfen werden, bleibt in der Summe immer ein gutes Stück Weg übrig, das wir hinter uns gelassen haben. Wir können den Kreislauf, der uns auf der Stelle treten lässt, durchbrechen. Wir müssen es »nur« tun.

Zwei Gedanken helfen, um aus diesem Kreislauf auszubrechen und sich wieder zu stabilisieren:

> Auch Sie haben Entscheidungsmöglichkeiten und vor allem die Freiheit, diese zu nutzen.
> Selbst in einer vermeintlich gut funktionierenden Familie hätten Sie meist all jene Aufgaben übernommen, über die Sie sich jetzt beklagen.

Mama = Mach mal

Trotz Emanzipation, neuer Rollenverteilung und Gleichbe-
rechtigung in den Beziehungen zwischen Männern und
Frauen sind es in der Regel die Mütter, die die nun so belastenden Aufgaben übernehmen. Hausaufgaben beauf-
sichtigen und Nachhilfe geben, Taxifahrten zu Vereinen,
Freunden, Veranstaltungen, Brote schmieren, Kinderge-
burtstage planen, die Kinder baden, bei Liebeskummer
trösten. Es sind immer noch meist die Frauen, die waschen,
bügeln, kochen, den Müll rausbringen. Egal, ob als Alleinerziehende oder Familienmama. Hin und wieder finden wir
dank jahrelanger wertvoller Erziehungsarbeit den einen
oder anderen Mann, der Teile dieser Aufgaben übernimmt.
Wenn wir diese wenigen Musterexemplare außer Acht lassen, waren diese Aufgabenbereiche also schon immer bei
den Frauen und werden es vermutlich wohl auch noch bleiben. Dieses Bewusstsein verkürzt vielleicht nicht Ihre To-
do-Liste, die am Kühlschrank neben dem letzten selbst ge-
malten Kinderbild hängt. Dieses Bewusstsein erleichtert
aber den Umgang mit eben jenen Aufgaben. Diese Einstellung spart Kraft und öffnet ein Stück weit unser Herz, um
wieder zu registrieren, dass wir zwar allein die Liste abarbeiten, dafür aber auch in den Genuss unserer Kinder und
deren Bilder kommen.

Es liegt in Ihrer Hand

Beim Gedanken zur Entscheidungsfreiheit bleiben viele entrüs-
tet hängen. Ein Sturm an Gegenargumenten braut sich zusammen. »Er hat mich verlassen, ohne uns eine Chance zu geben.
Wo bitte ist da meine Entscheidungsfreiheit?« »Jahrelang hat er
mich mit einer anderen betrogen, wie hätte ich da bei ihm blei-

ben können? Ich hatte gar keine Wahl.« Und auch wenn Sie eben vielleicht zustimmend genickt haben oder sich gar in einer dieser Situationen wiederfanden, so werden Sie wahrscheinlich nun die Stirn runzeln, wenn ich sage: Es gibt sie doch: Auch Sie haben die Wahl!

Täglich treffen wir Entscheidungen. Manchmal bemerken wir es gar nicht und handeln unbewusst. Andere Entscheidungen hingegen fordern all unsere Aufmerksamkeit und Kraft. Dennoch gibt es immer wieder Beispiele, die uns zeigen, dass wir kein fremdgesteuertes Opfer sind:

»Er lebt sein wundervolles Singleleben, während ich durch das Kind gar keine Möglichkeit dazu habe.« Dabei haben Sie sich bereits entschieden: für ein Leben mit Ihren Kindern. Der Preis, den Sie zahlen müssen, wird allerdings immer offensichtlicher. Sie haben sehr wohl die Wahl, könnten dafür kämpfen, dass die Kinder nicht ständig bei Ihnen sind und Sie somit auch ein ausgelassenes Singleleben führen können. Aber wollen Sie das wirklich?

»Er macht Karriere und ich kann meinen Job nicht wechseln, weil ich die Familie ernähren muss.« Manchmal beneidet man andere Menschen um etwas vermeintlich Wundervolles, doch selten ist man bereit, den gleichen Preis dafür zu zahlen. Viele wollen Geld haben, es aber nicht verdienen müssen. Schlank sein, ohne auf Sport und gesunde Ernährung zu achten. Beruflich erfolgreich sein, aber nicht über den eigenen Tellerrand hinausschauen. Dass noch immer die Frauen zu einem hohen Prozentsatz in Elternzeit gehen, liegt nicht nur an Gründen wie der finanziellen Situation, der männlichen Einstellung als Versorger oder den staatlichen Unterstützungen. Viele Mütter wollen auf die ersten gemeinsamen Jahre mit ihren Kindern schlicht und ergreifend nicht verzichten. Dieses Thema würde ganze Bücher füllen und viele Diskussionen entfachen. Für Sie ist jedoch nur wichtig, ob Sie wirklich den vollen Einsatz für den Beruf bringen wollen. Ob Sie noch immer der Meinung sind, Ihr Mann hätte es so viel besser. Oder ob es den Preis nicht doch wert ist, den Sie für die Zeit mit Ihren Kindern zahlen. Außerdem steht es Ihnen immer noch frei, sich beruflich neu zu orientieren.

»Ich weiß gar nicht, wo mir der Kopf steht vor lauter Terminen. Ständig ist was zu organisieren. Aber was soll ich schon tun, ich hab ja keine andere Wahl.« Müssen Sie wirklich beim Kinderbasteln in der Schule, beim Verkauf auf dem Basar und als Küchenhilfe im Sportverein dabei sein? Können Sie nicht eins der drei Ehrenämter ablegen, das Treffen mit der fernen Bekannten während der vollgestopften Woche nicht doch noch verschieben? Alle Termine immer unter einen Hut zu bekommen und als Alleinerziehende auch noch die jeweiligen Kinderbetreuungen zu sichern, ist nicht leicht. Aber machbar. Auch hier haben wir die Entscheidungsmöglichkeit. Manchmal tun uns nämlich all jene Termine auch gut. Sie sind unsere Stütze, bestätigen unser Engagement in unserem Umfeld und bringen uns mit netten Menschen zusammen. Manchmal jedoch empfinden wir sie einfach nur als Belastung. Je nach Ihrer ganz persönlichen Einschätzung sollten Sie ausprobieren, ob Sie die belastenden Termine nicht reduzieren können. Sie werden erstaunt sein, dass in den Ortsnachrichten keine Strafpredigt zu lesen ist, obwohl Sie beim diesjährigen Faschingsfest nicht die Küchencrew mit fünf Kuchen unterstützt haben oder die ferne Bekannte eben nicht »nur kurz auf einen Kaffee« zu Ihnen nach Hause kommen konnte. Denken Sie daran: Nicht jeder Termin ist es wert, sich darüber den Kopf zu zerbrechen. Eine gesunde Mischung ist für Sie und Ihre Kinder wichtig. Und wie schon gesagt: Auch in einer intakten Familie sind meist die Mütter die Familienmanager!

Nicht jede zu treffende Entscheidung in Trennungsphasen ist schön. Doch im Grunde bereiten uns nicht die Entscheidungen Probleme, sondern der Umgang mit den Konsequenzen. Machen Sie sich bewusst: Sie haben stets in irgendeiner Form die Wahl. Sie sind kein fremdgesteuertes Opfer! Also nehmen Sie

Ihr Leben selbst in die Hand. Lassen Sie sich nicht umwerfen, sondern stehen Sie mit beiden Füßen fest auf dem Boden, auch wenn Sie manchmal das Gefühl haben, den Halt zu verlieren. Nehmen Sie die Situation an, wie sie ist, und machen Sie das Beste draus. Und wenn Sie mal richtig motzen, maulen, heulen oder schreien wollen, weil Sie alles so ungerecht finden, dann tun Sie es. Lassen Sie es krachen, immer raus damit. Und danach? Wieder tief Luft holen und weiter geht's. Jammern bringt Sie ins Jammertal, etwas tun bringt Sie im Leben weiter. Gehen Sie es an. Sie schaffen das.

Plötzlich über eine gewisse Freiheit zu verfügen, kann gelegentlich auch zur Belastung werden. Es sind die Fesseln des »Ich kann jetzt, also muss ich«. Es ist, als hätten wir zwei leere Fächer in einem Regal, welche wir, sei es sinnvoll oder wenigstens dekorativ, füllen müssen. Holt der Exmann an den Wochenenden die Kinder, haben wir plötzlich Zeit. Und sobald wir uns mit dem Zustand abgefunden haben, kommt das Gefühl, die freie Zeit auch nutzen zu müssen. Ob Sie dies in exzessiver Hausarbeit ausdrücken, Freunde treffen oder aber nachts durch Bars ziehen: Setzen Sie sich selbst keinem Druck aus. Wenn Sie keine Lust haben wegzugehen, dann lassen Sie es bleiben! Wenn Sie lieber die Seiten eines Buches umblättern, statt den Wischlappen zu schwingen, dann tun Sie es. Sie müssen niemandem etwas beweisen. Nicht den Freunden, dem Expartner und schon gar nicht sich selbst. Tun Sie endlich das, was Sie wollen, nicht, was andere von Ihnen erwarten!

Was würde ich tun, wenn …?

Meine Mutter antwortete schon früh in meiner Jugend auf die eine oder andere Soll-ich-Frage: »Das musst du selbst wissen.« Ich habe das damals gehasst, hätte mir oft eine klare Aussage gewünscht. Hin und wieder hätte ich sogar ein Verbot akzeptiert, wenn ich dadurch wenigstens von meiner eigenen Entscheidung enthoben gewesen wäre. Doch im Nachhinein habe ich begriffen, dass sie mich damals schon lehrte, genauer über ein Für und Wider, über Konsequenzen und meine eigenen Wünsche nachzudenken. Will ich das wirklich? Tut es mir gut? Welche Auswirkungen hätte mein Handeln? Fragen Sie sich also erst, was Sie selbst wollen, wie Sie sich eine Situation, einen Ablauf wünschen. Gar nicht so einfach, oder? In der Regel überlegen wir nämlich erst einmal, was für unsere Kinder gut ist. Wie unsere Entscheidung bei anderen ankommt und welchen Eindruck wir dabei machen. Wir wollen uns nicht blamieren, keine Schwäche zeigen. Hinzu kommt, dass wir uns eh schon gefühlt am Rande der Gesellschaft befinden. Da überlegt man genau, ob wir der nächsten Entscheidung noch gewachsen sind.

Das Schöne ist, dass beim Überlegen noch nichts passieren kann. Wir können die wildesten Ideen vor uns sehen, keiner kriegt was mit. Wir können ein und dieselbe Situation wieder und wieder durchspielen. Dabei kann nichts Schlimmes passieren. Im Gegenteil! Wir erhalten eine Basis. Eine Grundlage, anhand derer wir die nun folgenden Schritte und deren Konsequenzen näher betrachten können. Und zwar ganz pur: unsere pure Meinung. Unser purer Wille. Angereichert mit fremden Einflüssen, aber in der Grundessenz einfach pur wir.

Was wollen Sie? Wie wäre es für Sie am besten? Das heißt nicht, dass Sie oder gar andere so handeln werden. Es heißt aber, dass Sie sich Ihrer selbst und Ihren Vorstellungen wieder näherkommen. Wer diese »Sichtweisen« jedoch zu Beginn mit Einflüssen aus Büchern, durch Kommentare Außenstehender usw. vermischt, verwässert die pure Essenz. Blicken Sie zuerst also in die von Ihnen gewünschte Richtung, dann können Sie Konsequenzen abwägen, Gedanken weiterspinnen und irgendwann Tipps und Ratschläge anderer einfließen lassen. Und wer bisher nur darüber nachdenkt, handelt noch lange nicht verkehrt.

Stellen Sie sich also die Frage: Was würde ich tun, wenn …?
Diese Fragestellung wird häufig im Bereich des Coachings verwendet, wenn es darum geht zu erfahren, was man wirklich gerne aus sich und seinem Leben machen möchte. Egal, ob im beruflichen oder privaten Bereich. Fragen Sie sich daher zum Beispiel:

Was würde ich tun, wenn …
… ich einen Beruf nicht aufgrund der finanziellen Situation wählen müsste? Welche Richtung würde ich einschlagen, wenn Geld keine Rolle spielen würde?
… ich richtig Zeit hätte? Wollte ich vielleicht schon immer mal ein besonderes Land bereisen oder eine neue Sprache lernen, ein Buch schreiben oder ein lieb gewonnenes Hobby wieder aufleben lassen?
… ich nur für mich verantwortlich wäre?
… ich drei Wünsche frei hätte?
… ich meine Traumfigur hätte?

Es ist nicht wichtig, ob Sie drei Wünsche frei oder sieben Kilogramm weniger haben. Es ist wichtig, sich Ihrer Träume bewusst zu werden und Ihrem neuen Leben ein wenig Richtung zu geben.
Führen Sie diese Liste noch viel weiter. Stellen Sie sich Dutzende dieser Fragen. Am besten interviewen Sie sich einfach selbst. Klingt ein bisschen befremdlich, ist aber eine sinnvolle Methode und hilft, sich selbst noch besser kennenzulernen. Natürlich sind das alles Fragen und Vorstellungen, die die wenigsten von uns eins zu eins in der Realität erleben oder gar umsetzen können. Diese vermeintlich utopischen Fragen führen uns aber zu unseren innersten Wünschen. Zu den Dingen, die im Verborgenen liegen, weil wir ja sowieso keine Chance sehen, sie jemals zu verwirklichen. Die Antworten geben uns Aufschluss darüber, wonach wir uns sehnen, welcher Leidenschaft wir gerne nachgehen würden.

Fügen Sie diesen Ergebnissen noch hinzu, was Sie auf Ihrer »Was ich schon immer mal machen wollte«-Liste stehen haben. Die Wünsche, die Sie in Ihrer Kindheit hegten, und die Dinge, nach denen Sie sich aktuell immer wieder sehnen. Ich bin sicher, Sie werden eine stattliche Liste zusammentragen. Eine »Traum-Wunsch-Liste«. Und nun schauen Sie sich Ihre Liste einmal genauer an. Welche Vorstellungen und Wünsche lassen sich bündeln und zu einem Gesamtthema zusammenfassen? Was sticht besonders hervor? Wo haben Sie gelächelt, als Sie daran gedacht haben, wo geseufzt, als Sie es notierten? Und nun überlegen Sie, was sich von alldem verwirklichen lässt. Vielleicht nicht sofort, vielleicht nicht in dem großen Ausmaß, aber mit Sicherheit in einem Umfang, der Sie glücklich macht.

Vielleicht ist Ihnen aufgefallen, dass Ihr Herz seit eh und je in die Ferne schweift. Dann überlegen Sie, wohin Sie reisen könnten, wenn der Expartner mit den Kindern Urlaub macht. Bleiben Sie nicht jammernd zu Hause sitzen. Versuchen Sie sich wenigstens ein bisschen Freiraum zu schaffen und gehen Sie auf Entdeckungsreise. Es müssen ja nicht drei Wochen Australien sein. Vielleicht hilft schon ein verlängertes Wochenende in Hamburg bei einer langjährigen Freundin, die Sie schon so lange nicht mehr gesehen haben.

Auch berufliche Wünsche lassen sich anhand solcher Listen gut herauskristallisieren. Selbstverständlich müssen wir eingestehen, dass wir in den seltensten Fällen einen neu entfachten Wunsch von heute auf morgen umsetzen können. In den häufigsten Fällen können wir aber schon einen Schritt in die richtige Richtung tun. Vielleicht wollten Sie schon immer mal malen: Dann fangen Sie an! Zeiten, in denen die Kinder im Bett oder beim Papa sind, eignen sich hervorragend dafür.

Statt also auf das Kind wartend vor der Wohnungstür zu sitzen, sollten Sie in Bewegung kommen, um die Wünsche von früher zu erfüllen, die auch in Ihrer Gegenwart eine wichtige Rolle zu spielen scheinen.

»Am Anfang hatte ich meine Freiheit gar nicht begriffen. Ich fand es grauenvoll, wenn mein Mann die Kinder abholte. Ich stand da plötzlich allein in meiner neuen Wohnung und wusste nichts mit mir anzufangen. Auch die blöden Sprüche der anderen konnte ich schon nicht mehr hören. ›So gut wie du möchte ich es auch mal haben.‹ Haha, da konnte ich nur lachen. Mein Mann hatte mich mit den Kindern sitzen lassen – und die bettelten darum, es so gut zu haben … Als ich jedoch mal etwas genauer auf die Augenringe der anderen Mütter, die sich streitenden Ehepaare beim Wochenendeinkauf, die genervten Kinder an den Händen von Mama und Papa geschaut habe, wurde mir klar: So blöd waren die Sprüche gar nicht. Ich konnte am Wochenende ausschlafen, ohne bereits um 20 nach 6 Piratenschlachten mit kleinen Kapitänen ausfechten zu müssen. Ich musste nichts kochen, wenn ich nicht wollte. Ich brauchte mit niemandem diskutieren, wenn ich mich bei Sonnenschein am Samstagnachmittag einfach auf das Sofa gelegt habe, weil ich schlicht und ergreifend müde war. Was für ein Glück zwischen all dem vermeintlichen Unglück.«

Was, wenn ich gar keine Zeit für mich habe?

Manch einer Leserin mögen die bisherigen Zeilen wie purer Hohn vorkommen. Nicht zu wissen, was man mit der vielen freien Zeit anfangen soll, als ein Luxusproblem ansehen! Denn nicht jede Trennung bedeutet, mit dem Vater der Kinder in friedlichem Kontakt zu stehen, die Wochenenden systematisch ein halbes Jahr im Voraus verplanen zu können und sich selbst in diesen Freiräumen zu verwirklichen.

Für viele Alleinerziehende ist Zeit neben den finanziellen Mitteln nämlich genau das, was häufig am meisten fehlt. Doch auch hier hoffe ich sehr, dass Sie nicht verzweifeln, nicht aufgeben. Daher ein paar Tipps, wie andere Alleinerziehende sich Freiräume geschaffen haben:

> Tun Sie sich mit anderen zusammen. Mal übernimmt die eine, mal die andere die Kinderbetreuung. Dies funktioniert meist auch bei der Überbrückung von Ferienbetreuungszeiten recht gut. Alle profitieren davon. Sie haben mehr Zeit oder einen tollen Spielpartner für Ihr Kind und somit auch wieder etwas entlastete Momente, weil das Kind nicht mehr beschäftigt werden will.

> Sagen Sie auch mal Nein! Sie werden überrascht sein, wie leicht dies manchmal ist. Und noch überraschender ist es, wie geringfügig die Konsequenzen häufig im Vergleich zum Gewinn sind.

> Fassen Sie Themen zusammen, organisieren Sie sich neu, nämlich genau so, wie es Ihre Umstände nun erfordern. Erstellen Sie bei Bedarf Listen, Aufgabensammlungen, Mind-Maps, was auch immer Ihnen hilft. Wichtig ist, sich einen Überblick zu verschaffen und dadurch neue Möglichkeiten zu entdecken.

> Lesen Sie sich die Tipps ab Seite 52 noch einmal durch.

Zwischen Lethargie und Hyperaktivität

Häufig ist zu beobachten, dass Frauen nach der Trennung entweder in Lethargie oder in einen dauerhaften Zustand der Hyperaktivität verfallen. Irgendwie scheint tatsächlich nichts mehr »normal« zu sein. Selbst unser Aktivitätsradius scheint zu machen, was er will.

Der Duden beschreibt *Lethargie* wie folgt: »körperlich und seelisch träge, leidenschaftslos, teilnahmslos, gleichgültig«. Ich hätte in der Trennungsphase allen Punkten mit einem klaren Ja zustimmen können. Klar war der Alltag noch organisiert, die nötigsten Dinge funktionierten und meinem Kind fehlte es an nichts. Ich selbst hing jedoch absolut in den Seilen. Es ging nichts mehr. Energie gleich null.

Im Vergleich zur Lethargie habe ich mit der *Hyperaktivität* auch die andere Seite der Medaille kennengelernt – eine nicht mehr enden wollende Aktivität. Ich war nur noch auf den Beinen. Schlaf fand ich sowieso keinen, also konnte ich meine Zeit auch vermeintlich sinnvoll nutzen. Ich suchte eine neue Wohnung, zog um, wechselte den Job, fing an, ins Fitnessstudio zu gehen, und engagierte mich ab sofort beim heimischen Fußballverein als Jugendtrainerin unserer F-Jugend-Mannschaft, in der mein Sohn kickte. Klar wurde ich von dem einen oder anderen neidisch begutachtet, erhielt oft genug Kommentare wie »Wow, wie du das alles schaffst«, »Was du alles machst, und das trotz der Trennung, alle Achtung«, »Wo nimmst du bloß die ganze Energie her«? Diese und ähnliche Aussprüche bestätigten mich in dem, was ist tat. Pah, ich gab nicht auf! Die ganze Welt und mein Exmann im Speziellen sollten sehen, was ich draufhatte.

Leider war sowohl die eine wie auch die andere Verhaltensweise nur bedingt sinnvoll. Tief in der Lethargie lief ich Gefahr, irgendwo zu stranden und nie mehr wirklich vom Fleck zu kommen. Mein Leben würde an mir vorbeiplätschern, ohne dass ich aktiv daran teilnehmen würde. Auf der anderen Seite wühlte ich mit meiner vollen Fahrt jegliches Gewässer komplett auf. Nichts kam mehr zur Ruhe, ein Strudel riss mich in den nächsten. Beides war auf Dauer weder angenehm noch gesund. Denn beides brachte mich nicht zu mir, nicht in mein persönliches Gleichgewicht. Entweder ich lebte gar nicht oder ich lebte »durch andere« und deren Bestätigung und Kommentare.

In welcher Phase befinden Sie sich? Igeln Sie sich ein? Gehen Sie noch so oft ans Telefon wie früher, melden Sie sich lieber mit einer Mail bei Ihren Freunden, statt auch mal vor die Tür zu gehen, um mit anderen in Kontakt zu treten? Oder sind Sie der Hansdampf in allen Gassen, der beim Kinderbasar drei Tage aushilft, für die Schule Kuchen backt und die Arbeit mit nach Hause nimmt?

Ich möchte Sie auffordern, sich Ihre derzeitige Lebenssituation einmal genauer anzusehen. Das heißt noch lange nicht, dass Sie etwas ändern sollen. Außer natürlich, Sie möchten es. Allein, sich des eigenen Verhaltens bewusst zu werden, wird Sie sich selbst ein wenig näherbringen. Irgendwann pendelt sich ihr Aktivitätsradius wieder ein. Vielleicht gleicht er Ihrem früheren Verhalten, vielleicht entdecken Sie ganz neue Seiten an sich. Wichtig ist, dass Sie die angenehme Balance finden, die Ihnen guttut und auch für Ihre Kinder annehmbar ist.

Das Wichtigste in unserem Leben ist zu leben. Klingt banal? Mag sein, doch wie oft hören wir diese Sätze: »Wie schnell die Zeit vergeht!«, »Und was hat er vom Leben gehabt?«, »Wenn die Kinder aus dem Haus sind, dann lebe ich«. Warum erst dann? Warum nicht jetzt? Okay, okay, weil wir manchmal einfach nur froh sind, den Tag zu überstehen. Weil wir hin und wieder noch gar nicht wieder spüren können, dass wir überhaupt noch am Leben sind. Dennoch: Was würde geschehen, wenn Sie sich vor dem Einschlafen fragen würden: »Was hat meinen Tag heute lebenswert gemacht?« Sagen Sie jetzt nicht pauschal, da gibt's nichts, wenn man die ganzen Katastrophen, Ärgernisse und all die Traurigkeit abzieht. Irgendetwas wird sich doch bestimmt finden lassen, meinen Sie nicht? Ich bin sogar überzeugt davon, dass es Ihnen zukünftig nicht erst kurz vor dem Einschlafen auffallen wird, sondern bereits in dem Moment, in dem Sie es erleben. Und dass eben jener Moment umso wertvoller für Sie sein wird. Versuchen Sie es doch mal. Vielleicht sogar gemeinsam mit Ihren Kindern.

Reden Sie vor dem Einschlafen mit Ihren Kindern darüber, was ihnen so gar nicht an dem Tag gefallen hat. Besprechen Sie die »blöden Momente«. Das hilft beim Verarbeiten und keiner trägt sie mit in die Nacht hinein. Der Ballast wird vorher abgeworfen. Anschließend überlegen Sie gemeinsam, was an diesem Tag besonders schön war. Was hat Sie und Ihre Kinder glücklich gemacht, was war toll? Mit diesem guten Gefühl und einem Lächeln auf den Lippen lässt es sich gewiss gut schlafen.

Werden Sie der Chef Ihres eigenen Lebens

Während meiner Jahre als Training-Managerin in einem Luxushotel haben wir viele aufstrebende Führungskräfte geschult. Mitarbeiter, die besonderes Potenzial hatten, um es noch ganz weit zu bringen. Sie lösten sich aus den Mitarbeiterreihen und nahmen ab sofort Führungspositionen ein. Um ihnen diesen Übergang zu erleichtern, forderten wir sie auf, die »Helikopter-Position« einzunehmen.

Und genau diese Übung möchte ich Ihnen in etwas modifizierter Form ans Herz legen. Heben Sie ab. Ja, gehen Sie doch einfach mal in die Luft. Versuchen Sie sich, so weit es geht, vom Alltag, von den Problemen, die Sie gefangen halten, zu lösen. Überfordern Sie sich aber nicht, indem Sie zu viel von sich erwarten. Am Anfang heben Sie vielleicht nur ein paar Meter ab. Schaffen es gerade so, über den Gartenzaun zu blicken. Es wird ruckeln und zuckeln. Wenn der Tag Sie mit all den Gedanken am Boden hält, versuchen Sie es morgen wieder – jeden Tag, bis Sie schweben. Wachsen Sie über sich hinaus, genießen Sie den freien Blick über Ihr Leben und alles, was damit zusammenhängt. Was sehen Sie?

Ja, ja, ich höre Sie innerlich aufstöhnen: »Was soll ich schon sehen: einen Trümmerhaufen«, »Leere, einsamer als die Wüste«, »Das reinste Chaos«. Wenn Sie eine dieser Antworten auf den Lippen hatten, dann sind Sie noch nicht hoch genug. Steigen Sie noch ein bisschen höher. Blicken Sie auf Ihr Leben herab, als befänden Sie sich in einem Helikopter. Trauen Sie sich die Augen zu öffnen! Nun sehen Sie Ihr Zuhause, Ihren spielenden Nachwuchs, Ihre Arbeitsstätte oder das Amt, die Schule und den Kindergarten. Sie sehen den Weg, den Sie bisher gegangen sind. Breite Straßen mit glattem Belag und dem einen oder anderen Schlagloch, holprige Wege und verwachsene Pfade. Schauen Sie genau hin. Betrachten Sie die Gegenden, die Ihnen besonders gefallen, in denen die Sonne strahlt. Warum gefallen Sie Ihnen so gut? Grünt und blüht da das Leben? Sind sie besonders gut geordnet oder einfach so wundervoll natürlich? Verschließen Sie aber nicht die Augen vor den ungepflegten Gebieten Die Bereiche, in denen die Farbe abblättert und die einzustürzen drohen.

Verharren Sie einen Moment und zeichnen Sie nun gedanklich die Landkarte Ihres Lebens. Landstriche, die Sie gerne noch bereisen möchten. Orte, die Sie zukünftig großräumig umfahren wollen. Markieren Sie auch Ihre Lieblingsplätze, die Sie besonders gerne besuchen.

Das ist Ihnen alles zu blumig, zu wenig konkret? Dann hier noch mal ohne Helikopter-Metapher: Ich möchte Sie ermutigen, sich all Ihre Lebensbereiche etwas genauer anzusehen. Nicht nur den Bereich, der gerade brennt und täglich Ihre Aufmerksamkeit fordert. Was ist Ihnen wichtig, wurde aber durch die Trennung vernachlässigt? Was nimmt viel Raum in Ihrem Leben ein, obwohl es Sie belastet? Lässt sich ein Teil davon für etwas Schönes nutzen? Wo möchten Sie sich gerne mehr engagieren, wo weniger? Was möchten Sie in sieben Wochen, in sieben Monaten und in sieben Jahre erreicht haben?
Der nächste Schritt nach der Helikopter-Landung ist ausstei-

gen und aktiv werden! Sie wissen jetzt schließlich, wie es außerhalb der Mauern aussieht, die Sie gerade gefangen halten. Diesen Rundflug sollten Sie übrigens in regelmäßigen Abständen durchführen, um zu sehen, ob Sie noch auf dem richtigen Kurs sind, und um sich an den vielen erblühenden Bereichen zu erfreuen.

Auch ohne Trennung ist bei den wenigsten Menschen das Leben ausbalanciert. Planen Sie erst einmal Tag für Tag, Woche für Woche. Nach und nach weiten Sie Ihre Vorstellungen, Träume und Pläne immer weiter über Ihr Leben aus. Zu Beginn werden Sie froh sein, wenn Sie jeden Tag gut und sicher überstehen. Wenn Ihr Kopf und Ihr Herz zur rechten Zeit dafür frei sind, dann können Sie Ihre Energie entsprechend einsetzen.

Suchen Sie sich daher Mutmacher. Umgeben Sie sich mit Menschen, die Ihnen guttun. Suchen Sie sich einen Verein, eine Gruppe, einen Lesekreis oder Ähnliches und verbringen Sie zum Beispiel kinderfreie Zeit mit diesen Menschen. Lassen Sie sich inspirieren. Engagieren Sie sich oder nehmen Sie Hilfe in Anspruch.

Es geht auch ohne

Wenn Familien zerbrechen, fällt das alte Konstrukt in sich zusammen. Unsere Vorstellungen und Rollenverteilungen werden aufgebrochen und liegen in Einzelteilen vor uns. Es geht nun darum, diese Einzelteile neu zusammenzusetzen. Und das ist ernüchternd. Wir haben doch so viel erwartet, gehofft, investiert! Und irgendwann sind die meisten einfach davon ausgegangen, dass der Ehepartner all unsere Probleme lösen wird. Er war das Allheilmittel, das Wunder, unsere Lösung. Doch jetzt ist er weg und uns wird klar: All unsere Probleme sind noch da. Treten Sie aus dem Schatten Ihres ehemaligen Partners heraus. Was kommt im Sonnenlicht zum Vorschein, wenn nur Sie selbst angestrahlt werden? Häufig entdecken wir Fähigkeiten in uns, die bisher im Verborgenen geschlummert haben. So, als hätte der Einsturz eine geheime Kammer zum Vorschein gebracht. Denn wenn wir unsere Komfortzone verlassen und unsere erlernte Hilflosigkeit hinter uns lassen müssen, sind wir plötzlich zu vielem fähig. Wer sagt, dass nur Männer Möbel aufbauen können? Wieso sollten Frauen nicht genauso gut eine Lampe installieren oder die Lohnsteuererklärung machen? Wer behauptet, dass man das gegengeschlechtliche Pendant zum Leben braucht?

Szenen einer Trennung

Gartenarbeit war noch nie so mein Ding. Daher besteht meine Grünzone ganz bewusst nur aus Rasen und einer Hecke. Umso erstaunter war ich, als nach meinem Urlaub ein halber Baum in meinem Garten lag. Der Baum des Nachbarn hatte sich halbiert und war wohlwollenderweise zu mir geplumpst. 2,50 Meter Blätterwerk und Gehölz. So weit, so gut, mein lieber Nachbar würde sich gewiss um sein Zeug kümmern. Denkste. »Das ist halt Natur« und weitere unverschämte Sprüche wie »Würden Kastanien in Ihren Garten fallen, müssten Sie diese auch entsorgen. Es ist also Ihre Sache. Unser Gärtner kommt erst wieder im Herbst und passende Gartengeräte haben wir nicht« wurden über den Zaun gespuckt. Ich dachte, ich platze. Ich war es leid, wieder auf einen Mann zu stoßen, der sich als Weichei entpuppte und nicht in der Lage war, Verantwortung für seine Sachen zu übernehmen. Wieder musste ich ausbügeln, wozu andere nicht fähig waren.
Während ich das Gefühl hatte, mal wieder winzig klein zu sein, passierte etwas. Ich entwickelte Wut, mächtige Wut. Heiße Tränen stürzten aus meinen Augen. Und ich stürzte mich auf

den Baum. Das lächerliche Angebot der Nachbarin, Tage später beim Abtransport behilflich zu sein, schlug ich mit erhobenem Kopf aus. Die sollten an der Ungerechtigkeit und ihrem schlechten Gewissen ersticken! Mit einer Rosenzange und jeder Menge Wut zerstückelte ich den riesigen Baum in einen Haufen Blätter und Gehölz. Die blutigen Hände und schmerzenden Muskeln ignorierend, registrierte ich, wie ich wuchs. Über mich hinaus. Jedes Knacken eines Zweiges, jedes Zerbersten von Holz nahm mir ein Stück meiner Wut. Die Energie entlud sich in pure Kraft. Einfach so. Drei Stunden zuvor hätte ich nicht gewusst, wie ich das grüne Monster hätte bewältigen sollen. Nun transportierte ich die Überreste in meinem offenen Cabrio zum Wertstoffhof. Ich hatte es geschafft. Der aus dem Auto ragende Stamm bewies es und ließ mich wieder lächeln.

Sowohl Männer wie Frauen haben stets die Fähigkeit, sich selbst zu helfen. Notfalls, indem sie den Mund oder auch den Geldbeutel aufmachen und einen Profi anheuern. Das können Sie nicht? Haben Sie es denn überhaupt schon mal probiert? Nein? Dann scheuen Sie sich beim nächsten Mal nicht davor. Spüren Sie Ihre Stärke. Verankern Sie dieses Gefühl in Ihrem tiefsten Inneren. Spüren Sie die Kraft, die in Ihnen steckt. Ihre Fähigkeiten. Ihre Eigenständigkeit. Seien Sie stolz darauf!

Seien Sie gut zu sich selbst

Zur inneren Stärke kommt die äußere Haltung. Kümmern Sie sich um Ihren Körper! Nicht, um für andere attraktiv zu sein, sondern weil ein gesunder Körper Ihr wichtigstes Gut ist. Was würde passieren, wenn Sie wegen Krankheit ausfallen? Nicht auszudenken, oder? Klar hegt man als Eltern und gerade als Mutter die Einstellung, einfach nicht krank zu werden. Punkt. Aus. Keine Diskussion. Wir funktionieren bis zum letzten Moment. Vielleicht nicht immer reibungslos und wie geschmiert, so aber doch zumindest ohne größere Aussetzer.

Bis zu dem Zeitpunkt, an dem mich ein Virus im Rückenmark fast lahmlegte, teilte ich diese Meinung. Gesunde Ernährung meines Kindes war mir wichtig und wurde großgeschrieben. Bei mir selbst stand dieses Thema eher in der Fußnote. Das rächte sich. Stress, Ärger, Trennungsbewältigung forderten mich so lange heraus, bis ich mich plötzlich regelmäßig zur Infusion beim Arzt wiederfand. Wenn man so auf der Pritsche liegt, kommt man ins Grübeln. Und genauso langsam, wie die Infusion tropfte, so langsam tröpfelte die Erkenntnis Stück für Stück in mein Bewusstsein. Es dauerte Monate, bis ich wieder hergestellt war. Zeit, in der mir wertvolle Energie und Kraft fehlten. Wochen, die mich aufhorchen ließen, weil mein Körper mich anschrie, nachdem ich seine bisherigen Warnungen überhört hatte. Ich musste lernen, auf mich zu achten. Und Sie vielleicht auch?!

Training statt Tränen

Ich kann Sie förmlich stöhnen hören. Wie Sie tief die Luft einsaugen und mit einem dumpfen Seufzen wieder ausatmen. Nicht noch eine, die mir jetzt sagt, dass ich Sport treiben soll! Nicht noch ein Buch, das sich damit brüstet, wie gut mir Bewegung tut!

Das mag ja alles schön und gut sein und auch stimmen, aber in einer Situation wie dem Zerbrechen von Familien und dem darauf folgenden Wiederaufbau kann man sich meist nicht vorstellen, woher man diese Energie und Zeit bitte nehmen soll. Nein, ich werde nicht behaupten, die Energie komme durch den Sport. Ähnlich wie der Hunger beim Essen oder die Leidenschaft, wenn man erst einmal mit dem Sex begonnen hat. Denn in allererster Linie bedeutete Sport für mich und wahrscheinlich auch für viele andere einen enormen Kraftaufwand. Wir kennen zwar die wundervollen Argumente, die dafür sprechen. Wir wissen, dass er uns guttut, dass wir hinterher und mit etwas Glück bereits währenddessen gute Laune verspüren. Wir werden gesünder, attraktiver, ausgeglichener, widerstandsfähiger und, und, und. Dennoch haben mich all diese Argumente weder in der Früh aus dem Bett noch am Abend vom Sofa gerissen und in meine Sportschuhe katapultiert.

Ist das bei Ihnen anders, weil Sie vielleicht schon seit Jahren sportlich aktiv sind und sich ein Leben ohne tägliche Übungen schon gar nicht mehr vorstellen können? Dann gratuliere ich Ihnen aus tiefstem Herzen. Ja, ich bewundere Sie sogar dafür. Denn auch wenn ich mir bei jedem Schritt, den ich laufe, bei jedem Ball, den ich schlage, und bei jedem Meter, den ich schwimme, einhämmere, wie viel Spaß ich habe und wie gut es mir tut – am nächsten Morgen habe ich es wieder vergessen. Es ist, als hätte mir jemand in der Nacht meine Hirnwindungen geputzt und all die guten Vorsätze und positiven Sporterlebnisse weggewischt. Übrig bleiben meist nur die schmählichen Erinnerungen an die Bundesjugendspiele während meiner Schulzeit und die kläglichen Versuche auf dem Skihang.

Sie ahnen vielleicht, was jetzt kommt. Schlagen Sie bitte dennoch nicht das Buch zu und pfeffern es wütend in die Ecke. Das wäre zwar auch eine Form von Energieaustausch, aber doch nicht der, den Sie und ich uns erwünschen. Geben Sie mir eine Chance und lassen Sie mich erklären, warum ich doch gesportelt habe.

Szenen einer Trennung

Nach der Trennung war ich am Boden zerstört, saß auf dem Trümmerhaufen meiner Ehe und lag manchmal sogar darunter. Ich zog mich zurück, machte mich klein und unsichtbar. Wer mich nicht sehen konnte, konnte mir auch nichts mehr antun. Irgendwann wurde mir aber klar, dass ich nicht wie manch Zauberlehrling durch das Unsichtbarwerden wunderbare Dinge erleben konnte, sondern immer mehr aus meinem eigenen Leben verschwand. Als dann auch noch mein Körper wie ein alter Motor das Stottern anfing, musste etwas passieren. Wenn schon nicht für mich, dann für mein Kind. Er hatte ein Recht auf eine gesunde und sichtbare Mutter.

Ich nahm also trotz finanzieller Bedenken etwas Geld in die Hand und meldete mich beim nächstgelegenen Fitnessstudio an. Es lag direkt auf dem Weg zur Arbeit. Da war einfach kein Umweg für Ausreden. Bei der Zielanalyse fragte mein Trainer: »Na, Ramona, was ist denn dein Ziel: Ausdauer, Abnahme, Kräftigung?« Er schien aufgrund meiner Erscheinung an sich schon davon auszugehen, dass ich wie fast alle anderen Mitglieder abnehmen wollte und dabei, um das Gewissen zu beruhigen und nicht ganz so kilofixiert zu erscheinen, gleichzeitig Ausdauer aufbauen. Aktion für Körper und Geist. Aber ich antwortete: »Ich möchte einfach wieder gerade stehen.« Keine Kilos, keine Ausdauer. Nein, einfach wieder aufrecht stehen und gehen.

Ich hatte mal gelesen: »Unsere Schultern entschuldigen sich dafür, dass wir in diesem Moment überhaupt anwesend sind.« Dieser Satz hatte mich tief bewegt, mich ein wenig wachgerüttelt. Es musste sich was ändern. Ich wollte mit beiden Beinen fest in meinem eigenen Leben stehen. Alles andere wäre ein netter Nebeneffekt. Und darauf bauten wir mein Programm auf. Ich hatte maximal eine Stunde Zeit und genau so planten wir.

Genauso ehrlich, wie ich Ihnen bisher meine Tiefpunkte offenbart habe, gestehe ich hier, dass ich das Programm nur ein gutes Jahr durchhielt. Mein Zeitkorsett war einfach zu eng geschnürt. Ich bekam keine Luft mehr zum Durchatmen. Also löste ich wieder ein paar Ösen und Haken und verschaffte mir wieder mehr Freiraum. Allerdings erst, nachdem ich wieder gerade stand. Mit durchgestrecktem Rücken, festem Bauch (zumindest im übertragenen Sinne) und nach hinten gezogenen Schultern hatte ich wieder genug Kraft, die Verantwortung für die Weiterentwicklung meines Lebens zu tragen. Man konnte mich nicht mehr einfach so umstoßen. Ich hatte neuen Halt, Rückgrat und, ja, auch Energie. Und das allein war Grund genug, um mich letzten Endes doch über Wochen und Monate ins Fitnessstudio zu bewegen.

Jetzt ist wieder Sommer und es zieht mich automatisch nach draußen. Ich gehe wieder Inlinern, wandere auf Berge, laufe beim Geocachen zig Kilometer am Tag. Alles ohne Druck. Ich nenne es auch nicht Sport, sondern Spaß. Mit meinen Freunden, meinem Sohn und manchmal ganz allein. Da ist aber kein Plan dahinter. Keine Waage, die mich morgens antreibt. Kein »Du musst, du solltest, du hast schon lange nicht mehr«. Ich wiege nicht weniger, sehe nicht besser aus, habe aber deutlich mehr Spaß an meinem Leben. Und darauf kam und kommt es mir an.

Sport ist nicht gleich Mord. Bewegung muss nicht wehtun. Wenn Sie das schweißdurchtränkte Hemd im Anschluss an Ihre Sporteinheit wie eine Trophäe benötigen, dann powern Sie sich ruhig aus. Wenn Sie lieber gemütlich Ihre Bahnen ziehen oder Schritt für Schritt den Berg erklimmen, dann machen Sie das.

Beim Sport können Sie abtauchen (schwimmen), aufsteigen (bergwandern), sich stärken (Krafttraining), ruhig mal ein paar Meter vor Ihren Problemen davonlaufen (joggen oder walken). Probieren Sie es aus. Es kostet oft nichts – außer Überwindung!

Wenn ich merke, dass ich wieder in meinen trüben Gedanken versinke, vom Rand abzugleiten drohe, dann setze ich mich wieder in Bewegung. Denn ich weiß, dass ich beim Joggen nur an eins denken kann: »Luft«! Platz für zermürbende Gedanken über das Scheitern meiner Ehe, das Zerbrechen meiner Familie ist da nicht. Ich muss mich darauf konzentrieren, nicht bereits nach 30 Metern erschöpft vor meiner Haustür liegen zu bleiben. Wie soll ich da noch über meinen Exmann nachdenken? Und wenn sich doch ein kleiner Gedanke in das beinahe sauerstoffarme Gehirn verirrt, dann gibt er dem Ganzen wenigstens wieder den entscheidenden Funken Energie und ich trampel die schlechten Gefühle einfach tief in den matschigen Boden. Ich bekomme so den Kopf frei. Sei es auch nur aufgrund von Sauerstoffmangel. Hauptsache, es hilft. Und ja, ich laufe dabei gelegentlich auch vor meinen Problemen davon. Ich habe jedoch festgestellt, dass ich mich auf diesem Weg immer auch ein Stück in Richtung Lösung bewege.

Zeit für mich

Ihrem Körper haben Sie jetzt also etwas Gutes getan. Gönnen Sie es nun auch Ihrer Seele. Nein, greifen Sie jetzt nicht gleich zu einem Stückchen leckerer Schokosahnetorte oder einer Pizza zur Feier des Tages. Wobei gegen ein leckeres Essen grundsätzlich ja nichts einzuwenden ist. Genießen Sie ein Schaumbad, das hübsche Sommerkleid, das Ihre Hüften so angenehm umschmeichelt. Tun Sie, was immer Ihnen guttut. Oder wie wäre es mit einem Verwöhntag?

> Baden Sie im wohlduftenden Schaum, mit edlen Essenzen oder Ihrem Lieblingsbadezusatz.
> Verwöhnen Sie Ihre Haut mit einer Gesichtsmaske.
> Wenn Sie Zeit haben, lohnt sich auch ein Besuch beim Friseur. Sagt man nicht: Neues Leben, neue Frisur?

> Legen Sie ein leichtes Make-up auf. Es muss ja keine Faschingsmaske werden. Ein gesundes, gleichmäßiges Hautbild, betonte Augen und sinnliche Lippen wirken auch für uns beim Blick in den Spiegel positiv.

> Gehen Sie shoppen. Ob in der Lieblingsboutique, im Schlussverkauf oder sogar im eigenen Kleiderschrank – trauen Sie sich was!

> Essen Sie gesund und lecker. Kochen Sie mit einer Freundin, gehen Sie in Ihr Lieblingsrestaurant oder gönnen Sie sich einen Gang über den Wochenmarkt.

> Machen Sie das, was Sie schon immer mal machen wollten.

Wenn Ihnen ein Verwöhntag zu sehr nach Klischee klingt, dann suchen Sie sich etwas, das Ihnen ganz persönlich besonders guttut. Eine lange Wanderung auf einen wunderschönen Gipfel mit atemberaubendem Panorama und Freiheit für die Gedanken. Einen Großputztag zum Reinemachen von Haus und Herz. Ein Open-Air-Konzert. Ein Tag im Schwimmbad voller Duft nach Sonnenmilch und spannenden Buchseiten. Eine Shoppingtour vom Flohmarkt bis zum Designer-Outlet. Was lässt Ihr Herz hüpfen? Was können Sie mit Ihrer Zeit anfangen, damit auch Ihre Seele gestärkt aus dem Tag hervorgeht? Ich bin sicher, Ihnen fallen viele wundervolle Ideen ein.

Ein bisschen Spaß muss sein

Spaß?! Ja, Spaß! Sie haben richtig gelesen. Als Mensch, der schon früh gelernt hat, dass es immer zwei Sichtweisen auf die Dinge gibt (danke, Mum!), finde ich sehr wohl, dass wir auch in harten Zeiten des Abschiednehmens und sich Wiederfindens den Spaß nicht vergessen sollten. Im Gegenteil! Wer viel arbeitet, jede Menge Sorgen hat und von Ängsten geplagt wird, sollte den Spaßfaktor wieder in sein Leben holen. Wie Sie das machen, ist letztlich egal. Es kommt darauf an, was Ihnen Freude und Spaß bereitet – und das ist schließlich eine sehr persönliche und individuelle Sache.

Worüber lachen Sie gerne? Was zieht Ihre Mundwinkel nach oben? Was lässt Sie das Leben wieder spüren und bereitet Freude? Mögen Sie Comedy, ein lustiges Buch oder brauchen Sie Action, um in Wallung zu geraten? Reisen Sie gerne in die Vergangenheit und haben bei Kissen- und Mohrenkopfschlachten, Pfützenhüpfen und Arschbomben im Freibad Ihre Freude? Gehen Sie mit Freundinnen gerne tanzen oder mit der netten Nachbarin ins heimische Bauerntheater? Auf dem Weg der Selbstfindung sind Freude und Spaß ein sehr wichtiger Wegweiser, den Sie auf jeden Fall beachten sollten.

Freude ist Leben, nicht umsonst sprechen wir von Lebensfreude!

Szenen einer Trennung

Meine Lebensfreude habe ich wiedergefunden, als ich mich drei Tage nach meiner Scheidung mit einem Fallschirm aus 4 000 Meter Höhe aus einem klapprigen Flugzeug gestürzt habe. Wenn Sie meinen Tandemmaster hätten sehen können, hätten Sie zum ersten Mal gespürt, was wahre Lebensfreude ist. Der Funke sprang sofort über. Spätestens beim freien Fall waren zum zweiten Mal das pure Leben und der Spaß zu spüren. Den Abschluss bildete die traumhafte Landung, kombiniert mit Unmengen Adrenalin. Das Lächeln war mir so sehr ins Gesicht gemalt wie das Wort Freiheit auf meine Hand. Und wenn ich mal vergesse, dass mein Leben Freude macht, schaue ich mir das Video von diesem Fallschirmsprung an und beginne sofort wieder zu strahlen.

Auch wenn unsere Gedanken hauptsächlich um unsere Kinder und deren Wohlbefinden kreisen, so ist Ihnen beim Lesen dieses Kapitels vielleicht bewusst geworden, warum wir uns selbst in einer solch schwierigen Zeit nicht vernachlässigen oder gar vergessen dürfen. Natürlich werden unsere Kinder immer an erster Stelle stehen. Gott sei Dank. Auch die ganz alltäglichen Aufgaben werden immer wieder unsere volle Aufmerksamkeit fordern. Wichtig ist ja nur, dass Sie hin und wieder Kontakt zu sich selbst aufnehmen. Mal nachspüren, ob Sie noch auf dem richtigen Weg sind. Ob Sie weiterkommen, auch wenn Sie hin und wieder einen Rückschritt machen. Und nach einer gewissen Zeit und entsprechender Übung werden Sie die Fragen am Anfang des Kapitels wohl ein wenig anders beantworten.

Wer lernt, auf eigenen Beinen
zu stehen, kann auch sicheren
Schrittes durchs Leben gehen.

Neues Leben, neue Liebe, neues Glück?

Ein Blick in die Zukunft

Kennen Sie diesen Witz?

Ein alter Mann betet täglich zu Gott: Bitte, bitte, lass mich im Lotto gewinnen. Über Monate, gar Jahre betet er täglich: Bitte, bitte, lass mich im Lotto gewinnen. Irgendwann hat Gott die Nase voll und antwortet: Bitte, bitte, füll endlich einen Schein aus, damit ich dir überhaupt helfen kann!

Die Moral von der Geschicht: *Du musst nicht nur nachdenken, dich nach etwas sehnen, davon sprechen – du musst es tun!*

Das Leben nach der Trennung ist ein völlig neues. Das Schöne daran ist: Ja, es gibt ein Leben nach der Trennung! Die Umstände, das soziale Umfeld und ein Großteil der Rahmenbedingungen haben sich geändert. Langsam findet man sich nicht nur damit ab, sondern kommt sogar damit zurecht. Nur einen neuen Mann kann man sich in diesem neuen Leben häufig lange Zeit nicht vorstellen. Man kann das nicht vor sich sehen, nicht fühlen, ja noch nicht einmal erahnen. Woher wissen wir also, wann wir bereit sind für eine neue Liebe? Und: Müssen wir das überhaupt wissen? Fragen Sie einmal in Ihrem Bekanntenkreis, wie das beim Kennenlernen so war. Haben sich alle vorher Gedanken darüber gemacht, ob sie für eine neue Liebe bereit sind?

Höchstwahrscheinlich nicht. Die meisten Paare berichten davon, dass »es einfach passiert ist«. Selten ist damit die romantisierte Version der »Liebe auf den ersten Blick« gemeint. Häufig wird jedoch berichtet, dass beide in der Situation, in der sie sich kennengelernt haben, eigentlich gar nicht auf der Suche nach einem Partner gewesen sind. Man traf sich bei einem Seminar, half gemeinsamen Freunden bei einem Umzug oder lernte sich beim Sport kennen. All dies schreibe ich, damit wir uns ein wenig beruhigen. Uns nicht ständig den Kopf zerbrechen, ob wir jemals wieder glücklich oder verliebt sein können.

Mir persönlich fiel es schwer, mir meinen eh schon so überfüllten Kopf auch noch mit diesem Thema zu zermartern. In Augenblicken jedoch, in denen ich mich so unglaublich alleine fühlte, hätte ich schwören können, dass ich nie wieder einen anderen Mann würde lieben können. Keiner würde mich je interessieren, meine Gefühle neu in Schwung bringen, geschweige denn überkochen lassen. Meine Mutter erinnerte mich in solchen Momenten daran, dass ich das bei meinen Jugendlieben auch gedacht und vor allem laut herausgeheult hatte. Und was war geschehen? Ich hatte mich doch wieder verliebt, ja sogar geheiratet. Gut, ob das jetzt als Glück oder Pech zu bezeichnen ist, sei dahingestellt … All meine Sorgen und Bedenken von früher waren jedenfalls unnötig gewesen und hatten mir Nächte voller Tränen beschert.

Und nun saß ich wieder da und beweinte meine Einsamkeit. Aber im Unterschied zu früher hatte ich jetzt ein Kind, das ich zwar über alles liebte, aber bei der Abwägung meiner zukünftigen Liebeschancen als hohen Risikofaktor mit in die Waagschale werfen musste. Wie sollte das denn gehen? Einen für mich interessanten Mann überhaupt erst einmal kennenzulernen, war das eine. Ihn dann auch treffen zu können, das andere. Ich ging schlicht und ergreifend davon aus, dass er wohl nicht zufrieden wäre, wenn ich ihm nach dem ersten erfolgreichen Date ins Ohr flüsterte: »Danke für den wundervollen Abend. Gerne würde ich dich wiedersehen. Was hältst du von einem weiteren Treffen in zwei Wochen?« Denn erst dann würde Junior wieder bei seinem Vater sein und ich damit Zeit für mich und einen möglichen neuen Partner haben. Kein Mensch, der gerade Feuer fängt, lässt sich auf ein Kennenlernen im Zweiwochenrhythmus alleinerziehender Eltern ein. Und dabei hatte ich ja noch Glück. Mein Sohn hat einen liebevollen Vater, der sich alle zwei Wochen um ihn kümmert und auch mal mit ihm in die Ferien fährt. Viele mir bekannte alleinerziehende Mütter haben nicht einmal diese Möglichkeit und müssen für jedes Treffen einen Babysitter organisieren.

Schon der organisatorische Aspekt erscheint uns häufig als unüberwindbar. Wir schaffen es, unsere Kinder zu erziehen, arbeiten zu gehen, uns ehrenamtlich zu engagieren und gleichzeitig auch noch eine absolut coole Piratengeburtstagsparty zu organisieren. Nur bei der Liebe sprechen wir uns das Organisationstalent ab. Dabei fehlt uns häufiger »nur« die Fähigkeit, uns auf etwas Neues einzulassen. Besonders dann, wenn Kinder im Spiel sind. Wir denken nach, statt zu fühlen. Dabei ist dies gar nicht nötig. Verstehen Sie mich nicht falsch. Denken ist in der Regel nie verkehrt. Hin und wieder ist Fühlen jedoch die bessere Alternative. Wir müssen am Anfang noch nicht darüber nachdenken, ob unsere Kinder diesen Menschen mögen werden. Wir müssen vielmehr fühlen, ob wir ihn mögen. Wir müssen nicht darüber nachdenken, wie er sich ihnen gegenüber verhalten wird. Wir müssen fühlen, ob uns gefällt, wie er sich uns gegenüber verhält.

Viel zu oft schränken wir uns ein, weil unser Verstand uns vermeintliche Grenzen aufzeigt. Wir zweifeln an uns, unserem Verhalten und unserem Verlangen. Dabei müssen wir lernen, nach vorn zu blicken statt zurück. Die Zukunft in Empfang zu nehmen, statt die Vergangenheit festzuhalten. Erst wenn wir loslassen, haben wir die Möglichkeit, etwas Neues anzunehmen. Warum halten wir also an Dingen fest, die uns verletzten, schmerzten, traurig machten? Ihre Vergangenheit wird immer ein Stück von uns sein. Ein Gesprächspartner drückte es so aus: »Die Vergangenheit hat uns vorsichtig gemacht. Das kann manchmal stören, aber es ist unser Schutz vor neuen Verletzungen. Die Unbeschwertheit bleibt dabei auf der Strecke, die Gefahr, dass man tief fällt, ist dagegen geringer.«

Uns geht nichts verloren, weil wir es loslassen. Wir müssen nur darauf achten, das Hier und Jetzt nicht zu übersehen. Sonst wird aus unserer einstigen Zukunft schnell wieder Vergangenheit, ohne dass wir dem Glück entgegengelächelt haben.

Überstürzen Sie nichts

Manche Frauen begehen einen großen Fehler und stürzen sich mit allem, was sie zu bieten haben, auf einen möglichen neuen Partner. Hungrig auf Zuneigung und Anerkennung, gierig nach dem Gefühl, geliebt zu werden. Dabei werden häufig all die guten Vorsätze und Lernerfahrungen aus den letzten Wochen und Monaten vergessen oder schlichtweg über den Haufen geworfen.

Oft überfordern wir uns und unser Gegenüber. Dies passiert meist dann, wenn wir den anderen nicht nur gerne in unserer Nähe hätten, sondern das Gefühl haben, ihn zu brauchen. Wir brauchen den Zuspruch, die Herzenswärme wie eine Pflanze, die ohne Pflege eingeht. Nicht umsonst sagen wir, jemand blühe in einer neuen Beziehung geradezu auf. Doch wer eine neue Beziehung »überschüttet«, ertränkt das zarte Pflänzchen. Ständige Nachrichten und Anrufe, der Drang, ihn zu sehen und gesehen zu werden, zeugen nicht immer von leidenschaftlicher Liebe. Sie sind auch Zeichen für ein starkes Bedürfnis nach Liebe und Anerkennung. Dieses Bedürfnis in einem solchen Umfang zu befriedigen, ist oft schwer und auf Dauer meist nicht zu bewältigen. Es kann Spaß machen, Zeit gemeinsam zu verbringen, zu kochen, zu spielen, etwas zu unternehmen – solange beide gleichzeitig das Bedürfnis danach haben. Wer jedoch schon nach kurzer Zeit das Leben des anderen voll beansprucht, ständig nach Anerkennung und Liebesbeteuerungen lechzt und bereits nach kurzer Zeit vor Eifersucht nur so sprüht, engt den neuen Partner höchstwahrscheinlich viel zu sehr ein. Begehen Sie nicht die gleichen Fehler wie früher. Öffnen Sie sich, lassen Sie aber auch Ihrem Gegenüber die Zeit dazu. Gehen Sie aufeinander zu, überrennen Sie den anderen aber nicht.

Der Neue

Die Reaktionen beim Kennenlernen eines anderen und somit für uns neuen Mannes sind sehr vielfältig. Häufig startet es mit Ungläubigkeit: »Der kann doch nicht etwa mich meinen?« Wir drehen uns um und prüfen vorsichtshalber, ob nicht eine andere schöne Frau hinter uns steht. Wer will schon freudig winken und grenzdebil lächeln, um kurz darauf von einer Unbekannten umrundet zu werden, die unseren vermeintlichen Verehrer beherzt in die Arme schließt ... Auch bei eingehenden SMS und E-Mails gehen wir zu Beginn von einem Zahlen- oder Buchstabendreher aus. Bestenfalls halten wir es für einen Scherz zur Aufmunterung.

Irgendwann begreifen wir, dass wir tatsächlich angesprochen wurden. Wir ganz alleine. Wir, die wir sehr wohl attraktiv, interessant und für die Männerwelt reizvoll sind. Und dann geht er los, der Rückschritt in die Pubertäts- und Teeniezeit. Zuerst rufen wir unsere beste Freundin an und berufen eine Notfallsitzung ein. Okay, im Vergleich zum Spezi von früher trinken wir heute bei diesem Anlass vielleicht Prosecco Apercl, an den Gesprächen selbst hat sich aber nicht viel geändert. Wer ist er, wo kommt er her, wie sieht er aus? Erst mal die Daten und Fakten sammeln. Anschließend wird genauestens analysiert, was wer wann gesagt hat und was genau dies nun bedeutet. Hat er eine andere oder ist er vielleicht sogar verheiratet? Gibt es Hinweise? Was stimmt mit ihm nicht, wenn er ledig ist und eben keine andere hat?

Ja, all diese Reaktionen sind vielleicht übertrieben, albern und unnötig. Aber sie tun verdammt gut. Genießen Sie dieses Gefühl, wieder begehrt zu werden, interessant zu sein. Frau zu sein! Albern Sie mit Ihrer Freundin und lassen Sie dieses Kribbeln zu. Viele Frauen haben nach einer Trennung sehr viel Angst vor neuen Verletzungen. Alle haben viel durchgemacht, gekämpft, durchlebt. Keine möchte nun erneut zurückgewiesen werden. Jede sehnt sich zwar nach Zuwendung und Liebe, hat aber aus den Trümmern der Trennung meist viel zu hohe Schutzmauern aufgebaut. Wir verbergen uns hinter tausend Argumenten, die einfach dagegensprechen. Wenn die Beziehung gar nicht erst zustande kommt, kann sie später auch nicht zerbrechen. Meist sind es in unseren Augen ganz logische Argumente. Zum Beispiel: Was, wenn er Kinder will und ich nicht? Was, wenn er keine Kinder will und mein Kinderwunsch so groß ist?

»Ich habe keine Zeit, jemanden monatelang kennenzulernen, um dann festzustellen, dass wir in Bezug auf Kinder so unterschiedlich denken.« Warum eigentlich? Wer sagt denn, dass Sie diese Zeit nicht sehr wohl investieren sollten? Wissen Sie, was ein Singlemann mir dazu einmal sagte? »Es gibt nichts Schlimmeres als ledige Frauen, die beim ersten Kennenlernen sofort deine finanzielle Lage abchecken und sich am Thema Kinder festbeißen. Ich will eigentlich keine Kinder mehr. Auf die Kinderfrage antworte ich beim ersten Treffen also wahrheitsgemäß mit Nein. Manche Frauen brechen daraufhin sehr schnell den Kontakt ab. Dabei war schon mal eine dabei, in die ich so verliebt war, dass Kinder im Laufe der Zeit vielleicht doch noch wünschenswert gewesen wären. Aber so weit kam es ja gar nicht. Schade!«

»Ich habe auch solche Fehler begangen«, berichtet eine alleinerziehende Mutter. »Ich war einfach so überglücklich, dass da jemand ist, der sich für mich interessiert, dass ich ständig bereit war, auf Nachrichten zu antworten, meine Geschichte zu erzählen, ihn zu treffen, an mich ranzulassen. Dummerweise ließ ich ihn nicht nur an mich, sondern hängte mich auch mit aller Macht an ihn. Dass dies schiefgehen musste, begriff ich erst hinterher. Tja, und dann sollte beim Nächsten alles anders werden.« Sie lächelt bei diesem Gedanken. »Ich las Bücher nach dem Motto ›Warum blöde Frauen die coolsten Typen haben‹, hielt mich zurück, meldete mich nicht ständig, zeigte ihm, dass ich auf eigenen Beinen stand und nicht bereit war, dies umgehend für ihn aufzugeben. Am Anfang klappte das ganz gut, er bemühte sich, ich war stolz auf mich.« Langsam verschwindet ihr Lächeln: »Dumm war nur, dass ich damit diese wundervolle neue Beziehung fast aufs Spiel gesetzt hätte, weil er davon ausging, dass ich spielte, während er ehrliche Gefühle entwickelte.«

Manchmal weiß man eben erst hinterher, was man vorher hätte wissen müssen …

Was vielen von uns passiert: Wir haben viel zu hohe Erwartungen an uns und unseren neuen Partner. Wir versuchen, es allen recht und vor allem richtig zu machen. Das funktioniert aber nicht. Lange Zeit habe ich mich gefragt, warum es nicht klappt. Die vielen schlauen Tipps aus den Bestsellern, die Erfahrungen der Freundinnen – das konnte doch nicht alles falsch sein. War es auch nicht. Es waren aber die Verhaltensweisen und Lebensarten der anderen, nicht meine. Es klappte nicht, weil ich nicht mehr ich war. Mein Verhalten dem Partner gegenüber war nicht mehr authentisch. Es war vieles, nur nicht echt.

Erst müssen wir uns selbst lieben

Dieser Leitsatz fällt den meisten von uns wahrscheinlich am schwersten. Zwar könnte man meinen, dass ein gesunder Egoismus in jedem von uns stecke und wir uns gerade in dieser schweren Zeit besonders nahe stehen sollten. Häufig ist jedoch das Gegenteil der Fall. Vermeintliche Gründe dafür gibt es viele:

> Hat der Partner uns verlassen, waren wir in unseren Augen oder zumindest im Unterbewusstsein für ihn nicht gut genug. Unser Selbstwertgefühl erhält einen gehörigen Knacks.
> Das Gefühl, von keinem geliebt zu werden, scheint uns zu bestätigen, dass wir es auch nicht wert sind. Denn sonst würden wir ja geliebt.
> Viele lieben sich nicht, weil sie mit ihrem Körper nicht zufrieden sind. Alles erscheint als einzige Problemzone. Leider gehen gerade Frauen sogar so weit, sich regelrecht vor sich selbst zu ekeln. Kein Wunder, dass es ihnen schwerfällt, sich bei solch massiven negativen Emotionen zu lieben.
> Frauen neigen leicht dazu, die Schuld direkt bei sich zu suchen – und zwar für nahezu alles. Hätten wir dies, wären wir damals dort, hätten wir jenes … Schuldgefühle fressen sie auf und damit auch jede Form von Selbstachtung und Liebe.
> Häufig lassen Frauen sich auch viel zu oft Blödsinn einreden. »Das kannst du nicht«, »Lass mich mal machen«, »Wie blöd muss man sein«, »Da muss ein Mann ran«. Viele nehmen jene oder ähnliche Aussagen für bare Münze und lassen sie direkt an sich ran. Solche und ähnliche Sätze führen auf Dauer zu großen Selbstzweifeln und ermöglichen es kaum, positiv über sich selbst zu denken.

All die Gründe, sich selbst nicht zu lieben, sollten Sie einfach streichen. Es gehören schließlich zwei zu einer gut funktionierenden Partnerschaft. Vielleicht war er einfach nicht der Richtige?! Ich bin sicher, dass Sie geliebt werden. Von Ihren Kindern, auch wenn sie es manchmal nicht zeigen. Von Ihren Freunden, auch wenn es nur eine einzige Freundin ist. Von Ihren Eltern, auch wenn diese eher zur Generation gehören, die nicht über Gefühle spricht. Schauen Sie sich einmal genau um: Ich bin sicher, Sie werden gerade in der schweren Zeit der Trennung erkennen, dass es sehr wohl Menschen gibt, die Sie lieben. Und diese Menschen sind nicht weniger wert als ein Partner, der Sie liebt! Wenn Sie nicht liebenswert wären, warum sollten Sie die anderen lieben? Wenn Sie sich nicht lieben, wie soll es dann ein anderer tun?

Noch immer sind wir im tiefsten Herzen kleine Mädchen, die auf den Prinzen in glänzender Rüstung warten und an Liebe auf den ersten Blick glauben. Wir küssen Frösche und hoffen, dass sich endlich einer verwandelt. Doch wenn wir den Prinzen finden wollen, müssen wir aufhören, Frösche zu küssen!

Wo verwandeln sich Frösche in Prinzen?

Irgendwann wollte ich es wissen: Wo sind sie, die Frösche, die Prinzen, die Männer? Beim Elternabend in der Schule waren sie schon einmal nicht. Am Rande des Fußballplatzes, auf dem ich unsere Jugendmannschaft trainierte, auch nicht. Wo also hatten sie sich versteckt?

Ich nahm mir vor, einen Teil meiner freien Zeit in die Suche zu investieren. Ich lotete also auch die anderen Lebensbereiche aus, in denen ich mich gelegentlich aufhielt, und versuchte mein Glück unter anderem in den Clubs der Stadt. Schließlich war ich an diesen Abenden mit meinem Äußeren dank vielstündiger Vorbereitungen meist halbwegs zufrieden, gut gelaunt und unternehmungslustig. An sich ja schon keine allzu schlechten Voraussetzungen. Ein umherschweifender Blick durch das Restaurant oder den Club, in dem wir vorsätzlich die Nacht zum Tag werden ließen, offenbarte oft Niederschmetterndes. In den meisten Fällen interessierte mich gar keiner der männlichen Anwesenden, geschweige denn, dass ich mir vorstellen konnte, mehr von meiner kostbaren Zeit mit ihnen zu verbringen. Männer in Begleitung von weiblichen Wesen fielen automatisch durch das Scannerraster. Ich hatte weder Lust, erneut um etwas zu kämpfen, und noch weniger wollte ich »die andere« sein und eine weitere Beziehung auf dem Gewissen haben. Ich sah plötzlich in die Abgründe der hiesigen Männerwelt, bestehend aus weißen Socken unter zu kurzen Hosenbeinen, ungepflegten Haaransammlungen auf dem Kopf, um die Kinnpartie oder im Hemdausschnitt, und hochnäsigen Rotzlöffeln, die es in einen Anzug geschafft hatten. Da mir die abstinente Zeit dennoch den Appetit nicht vollkommen verdorben hatte, gab es hin und wieder die eine oder andere süße Versuchung, die mich reizte. Doch auch wenn der Blick das Interesse geweckt hatte, scheiterte die Umsetzung meist schon an dem Gedanken: »Würde ich mit diesem Mann und meinem Sohn am nächsten Morgen am Frühstückstisch sitzen wollen? Würde ich ihn meinem Kind vorstellen?« In 99 Prozent der Fälle lautete die Antwort NEIN. Das restliche eine Prozent vergeigte ich mit meinen antiquierten Flirtmethoden.

Also beschloss ich, andere Wege zu beschreiten. Ich knüpfte im Fitnessstudio lose Kontakte, die eher zu Laufmaschen wurden. Im Job war ich noch viel zu sehr damit beschäftigt, mein neues Aufgabengebiet zu beherrschen, statt über meine eigene Schreibtischplatte hinwegzuschauen. Außerdem folgte ich dem Rat, niemals eine Beziehung im gleichen Unternehmen einzugehen. Das bedeutete nur Ärger, vor allem wenn man neu war. Und zusätzlichen Ärger konnte ich wahrlich nicht gebrauchen.

Szenen einer Trennung

»Nie im Leben finde ich im Internet einen passenden Partner. Die sind doch alle kommunikationsunfähig, gestört oder einfach nur reizlos. Wer weiß, was für Psychopathen sich da tummeln.« Diese Einstellung vertrat ich vehement. Bis zu meinem Geburtstag. Morgens hatte ich meine Scheidung offiziell eingereicht, abends mit meiner besten Freundin darauf angestoßen – und mich bei einer Online-Partnerbörse angemeldet. Sie wischte meine Bedenken wie lästige Krümel vom Tisch: »In einer Bar kannst du einem Mann auch nicht von der Stirn ablesen, ob er bindungsunfähig ist. Im Internet findest du die gleichen Typen wie in der realen Welt. Nur dass du gemütlich auf deinem Sofa sitzen bleiben kannst.« Wir stöberten durch die Profile, lachten und tranken. Zumindest war es ein Heidenspaß und wir waren zeitweise einfach nur glücklich. Auch ohne Mann. Dass sich prompt am nächsten Tag jemand meldete, wir anschließend stundenlange Telefonate führten und ich tatsächlich bereit war, diesen Unbekannten auch im realen Leben zu treffen, hätte ich nicht für möglich gehalten.

Manchmal muss man sich einfach mal überwinden, etwas Neues auszuprobieren. Eine gewisse Offenheit, gepaart mit gesundem Realismus, schadet da gewiss nicht. Und es muss ja auch nicht immer das Internet sein. Möglichkeiten gibt es viele!

Meine kleinen privaten Umfragen haben ergeben, dass sich die Paare an folgenden Orten und bei diesen Gelegenheiten kennenlernten:

> im Sportverein
> auf einer Hochzeit, zu der sie beide eingeladen waren
> bei einem Seminar

> im Internet
> über eine gemeinsame Freundin
> auf der Uni
> beim Blutspenden
> über eine Partnervermittlung
> auf einer Geburtstagsparty

Die Möglichkeiten sind vielfältig und individuell, genau wie die Menschen, die sich in diesen unterschiedlichen Situationen kennenlernen. Es ist spannend, aufregend und eigenwillig. Und es tut einfach gut. Genießen Sie doch einfach mal die Aufmerksamkeit, das gute Gefühl, Interesse wecken zu können. Die Komplimente, das Unbekannte, den Reiz. Die Verliebtheit löst den Verstand ab und gibt dem Herzen neuen Raum. Nicht sofort. Nicht einfach so. Aber doch spürbar. Irgendwann einmal überwinden wir hoffentlich alle Hürden. Sehen einem neuen potenziellen Partner in die Augen und wollen seine Nähe nicht missen. Wieder mit Schmetterlingen im Bauch einem Mann zu begegnen ist Balsam für die Seele. Wir saugen dieses wohltuende Gefühl auf wie unsere Haut eine reichhaltige Bodylotion nach einem Vollbad.

Meine kleine Patchworkfamilie

Diese neue Familienkonstellation wird gerne mit dem Begriff »Patchworkfamilie« umschrieben. Kennen Sie die Patchwork-Decke? Sie strahlt in vielen Farben und Mustern, wärmt uns in kalten Tagen und verleiht unserem Zuhause ein ganz besonderes Wohlfühlgefühl. Ihr Hauptmerkmal besteht darin, dass sie aus vielen unterschiedlichen Einzelteilen zusammengesetzt wurde. Teile aus verschiedenen Stoffen, mal weich, mal etwas kratziger, mal samtig, mal etwas fester. Sie alle haben eine besondere Beschaffenheit, eine kleine Geschichte, die sie erzählen, und fügen sich doch so wundervoll zusammen. Nicht ohne Naht, nicht ohne spürbaren Übergang, aber doch harmonisch im Gesamten. Patchwork-Decken sind im Vergleich zu Flickenteppichen liebevoll zusammengefügt worden. Alle Teile wurden bewusst ausgewählt und ergänzen sich. Sie sind individuell und gehören am Ende doch zusammen. Welch schöner Vergleich.

Doch bei aller Landhausromantik ist allen klar: Wie in jeder Familie geht es auch in Patchworkfamilien nicht immer harmonisch zu. Es ändert sich schließlich mehr als »nur« der Partner. Es gibt einen neuen Lebensgefährten, einen neuen Erzieher, neue Freunde, neue Lebensbereiche. Und irgendwann fallen dann Sätze wie: »Du hast mir gar nichts zu sagen, du bist nicht mein Vater.« Für Kinder ist es oft nicht leicht, einen neuen Lebensgefährten zu akzeptieren. Dies liegt häufig nicht nur an der Person selbst, sondern vielmehr daran, dass sie in einen Loyalitätskonflikt geraten. Egal, wie Ihr Verhältnis zum Vater der Kinder ist, die Kleinen und auch die Heranwachsenden werden ihn lieben. Meist recht bedingungslos, weil sie selbst nichts lieber wollen, als geliebt zu werden. Sie haben ein schlechtes Gewissen gegenüber dem Vater oder der Mutter, wenn sie den neuen Partner sehr gerne mögen, und fühlen sich wie Verräter.

Zeigen Sie daher Verständnis. Vermitteln Sie unter den einzelnen Parteien, indem Sie möglichst neutral reagieren. Behalten Sie dabei die ursprünglichen Grenzen und Erziehungsleitlinien bei, an die sich sowohl Erwachsene wie auch Kinder zu halten haben. Bilden Sie stabile Rahmenbedingungen und scheuen Sie sich nicht vor Konflikten. Überlegen Sie, woraus sie resultieren, und arbeiten Sie dann gemeinsam an einer Lösung.

Und jetzt? Wie sehen die nächsten Schritte in der Realität aus? Wie stellen wir den neuen Teil unseres Lebens vor? Wem zuerst, wem lieber gar nicht? Und vor allem: Wem überhaupt?

In einem Artikel von Adelheid Fangrath habe ich im Internet einen Beitrag über Tipps und Tricks, eine Patchworkfamilie zu meistern, gelesen. Ihre Ideen und Gedanken fand ich sehr hilfreich. Ich habe sie daher hier mit eigenen Worten zusammengefasst, ergänzt durch eigene Ideen:

Sieben Schritte, die das Zusammenleben als Patchworkfamilie erleichtern

1. Kommen Sie kurz von der »Wolke 7« und betrachten Sie Ihre neue Beziehung aus einer gesunden und vor allem realistischen Distanz. Häufig hat man viel zu hohe Erwartungen an sich und den Partner. Die letzte Partnerschaft ist kläglich gescheitert, nun muss alles besser werden. Häufig können alle Beteiligten diese Ansprüche nicht ansatzweise erfüllen. Sehen Sie also auch die Ecken und Kanten und die Ihres Partners. Dann fallen Sie auch in Krisen nicht aus allen Wolken und schon gar nicht von Wolke 7.

2. Bemühen Sie sich auch weiterhin um ein gutes Verhältnis zum Vater Ihrer Kinder. Sehen Sie Ihr Miteinander so neutral wie möglich, denn die Kinder benötigen auch weiterhin beide Elternteile. Sie dürfen nicht das Gefühl haben, dass sie nun einen neuen Papa vorgesetzt bekommen. Der neue Partner ist nicht automatisch Ersatz für den leiblichen Vater. Er kann es in Einzelfällen werden, wenn der Kontakt zum leiblichen Vater sehr schlecht ist oder vielleicht sogar nie da war. Schöner ist es jedoch, wenn Vater und neuer Partner ihren ganz eigenständigen Platz einnehmen können.

3. Ein Schritt nach dem anderen. Neue Partner sind im ersten Moment für unsere Kinder eine kleine Bedrohung. Sie konkurrieren um die Aufmerksamkeit der Mutter, um die Zeit. Beginnen Sie mit gemeinsamen Unternehmungen außerhalb der Wohnung und somit außerhalb des Reviers der

Kinder. Nach und nach können Sie das Zusammenleben auch an den Wochenenden »üben«. So überfordern Sie weder die Kinder noch sich und Ihren neuen Partner. Denn auch die Erwachsenen haben manchmal »Anpassungsschwierigkeiten«.

4. Involvieren Sie den neuen Partner und die Kinder gemeinsam in die neue Lebensplanung. Jeder hatte bisher seine Tagesabläufe, lieb gewonnene Rituale und Gewohnheiten. Versuchen Sie diese auch weiterhin beizubehalten und in das gemeinsame Leben zu integrieren. Reden Sie über die Wünsche und Erwartungen, die Vorlieben und möglichen Neuerungen. Suchen Sie dann gemeinsam nach einem guten Kompromiss für alle.

5. Geben Sie sich und allen Beteiligten Raum und Zeit. Auch wenn alle euphorisch sind und es sich hier um einen positiven Anlass für die Veränderungen in Ihrem Leben handelt, brauchen wir alle Zeit, um uns an die neue Situation zu gewöhnen. Und zusätzlich dazu den entsprechenden Raum. Sei es ein eigenes Kinderzimmer, das zum Rückzug dient, oder wenigstens ein kleiner Bereich, der nur einem selbst gehört. Gerade Kinder, die sich ab sofort mit Stiefgeschwistern auseinandersetzen müssen, brauchen Raum und Zeit.

6. Stimmen Sie sich ab. Auch wenn Sie nicht der Vater oder die Mutter sind, so werden Sie nicht darum herumkommen, in der Erziehung mitzumischen. Sie sollten sich also in Ruhe zusammensetzen und über Ihre Grundeinstellung und Ihre Erziehungsleitlinien sprechen. Männer sollten nicht sofort im Kommandostil die Oberhand übernehmen, Frauen müssen nicht gegen die leibliche Mutter konkurrieren. Es reicht aus, wenn Sie gegenseitig zu »Erziehungshelfern« werden.

7. Genießen Sie Ihre neue Familienform! Lassen Sie sich nicht von Außenstehenden beeinflussen, sondern finden Sie gemeinsam Ihren Weg in Ihrem gemeinsamen Leben. Seien Sie stolz, verliebt und glücklich!

Alles eine Frage der Gewöhnung?

Vieles im Leben funktioniert nach einer Weile aufgrund einer gewissen Gewöhnung wie von selbst. Dies kann ein großer Vorteil sein. Wenn die Familie zerbricht, sind Frauen es bald gewohnt, die Dinge nun allein zu regeln, zu organisieren und durchzuführen. Sie leben mit ihren Kindern in einem ganz eigenen Rhythmus und haben individuelle Abläufe. Diese Gewohnheiten helfen, den straffen Tagesplan zu erfüllen und auch bei neuen Herausforderungen nicht zu verzweifeln. Doch genau diese Gewohnheiten können zum Stolperstein werden, wenn eine oder gar mehrere neue Personen in unser Leben treten. Plötzlich ist da jemand, der auch Zeit beansprucht. Die gemeinsame Zeit ist meist wundervoll, keine Frage. Sie muss aber auch irgendwo herkommen.

Viel schwieriger als organisatorische Veränderungen sind allerdings die emotionalen Hürden. Auch mal schwach sein zu dürfen, weil uns jemand auffängt, fällt uns schwer. Schnell befürchten wir, in eine erneute Abhängigkeit zu geraten. Wir sind froh, die vermeintlich schwachen und schmerzlichen Zeiten überstanden zu haben. Dieses erneute sich Fallenlassen hat jedoch viel mit Vertrauen zu tun. Und genau daran mangelt es noch. Wir müssen uns wieder daran gewöhnen, dass wir zum Essen eingeladen werden und nicht stets alles aus eigener Tasche zahlen müssen. Dass wir Hilfe bekommen, wenn es darum geht, den neuen Wohnzimmerschrank aufzubauen, dass wir gemeinsam zu Feiern gehen. Es gibt so vieles, was sich ändert.

Deshalb: Seien Sie mutig! Wagen Sie etwas! Unsere Kinder machen es vor. Sie fallen hin, tun sich weh, brechen sich vielleicht die Knochen und verlieren doch nie das Vertrauen in sich und die Leidenschaft für das schönste Vergnügen in ihrem Leben: dem Spielen. Lassen auch Sie sich fallen, riskieren Sie es, das Herz zu brechen, aber verlieren Sie nie das Vertrauen in sich und die Liebe!

Eins, zwei, drei – alle Eltern dabei

Wer mutig war und sich auf die neue Liebe eingelassen hat, hat bereits eine Herausforderung gemeistert. Nämlich die gegen sich selbst und die eigenen Bedenken. Doch meist steht schon kurze Zeit später die nächste Aufgabe an: das Kennenlernen der Kinder und Expartner. Leider schneiden Frauen bei Erzählungen, Märchen und auch im realen Leben in Bezug auf das Dasein als Stiefmutter recht schlecht ab. Ich würde sogar behaupten, der Begriff »Stiefmutter« rangiert direkt hinter der »Schwiegermutter«. Dabei haben beide doch schon den wundervollen Anhang »Mutter«, der in der Regel für Fürsorge, Liebe und Geborgenheit steht. Fragt man nach ersten Assoziationen zum Begriff Stiefmutter, lauten die Antworten allerdings eher: ungerecht, besserwisserisch, neidvoll. Dabei sind vergiftete Äpfel oder mühsame Erbsensortieraufgaben out. Im Gegenzug dazu versuchen viele Frauen sich als neue Frau an der Seite des Papas besonders gut zu präsentieren und geraten dadurch in direkte Konkurrenz zur leiblichen Mutter. Dadurch erhöhen sie ungewollt den Druck auf die Kinder.

Für Kinder wird die Erziehung häufig zu einer echten Herausforderung. Ewige Diskussionen, Ermahnungen und erzieherische Maßnahmen. Was mit zwei Elternteilen schon schwierig war, erscheint für manche Kinder bei nun drei bis vier Elternteilen nahezu unmöglich. Denn nicht immer läuft alles harmonisch und geordnet. Kinder fühlen sich häufig zerrissen, ja irgendwie aufgeteilt. Während die Eltern zumindest zeitweise ihre Verantwortung, die sie teilen, abgeben können, erhöht sich der Druck auf die Kinder.

Die Lage sieht aus einem anderen Blickwinkel jedoch schon ganz anders aus. Sehen Sie sich gemeinsam mit den Kindern und dem Partner die positiven Aspekte genauer an:

> Achten Sie darauf, dass die neue Partnerschaft als Zugewinn und nicht als Verlust angesehen wird. Kinder haben oft Angst,

nun die zweite Bezugsperson zu verlieren, weil sie plötzlich nicht mehr allein im Mittelpunkt der Mutter oder des Vaters stehen.

> Machen Sie sich bewusst, dass viele Kinder häufig ähnlich aufgeregt sind, auch wenn ihre Nervosität oftmals aus der Neugier auf »die Neue« und Verlustangst resultiert.

> Alle Beteiligten sollten erst einmal tief durchatmen und versuchen, eine Vorfreude zu entwickeln. Seien Sie offen und gespannt darauf, einen weiteren und vor allem ganz persönlichen Teil Ihres neuen Lebensgefährten kennenzulernen. Vertrauen Sie auf die Zeit, die Sie haben. Oft dauert es Jahre, bis Kinder eine völlig entspannte, respektvolle und auf gegenseitigem Vertrauen basierende Beziehung eingehen.

Wie gehe ich mit den Kindern um?

Kennen Sie den Moment, in dem Sie jemand kennenlernen und denken: »Boah, was für ein Schleimer!«? Achten Sie darauf, in den Augen der Kinder nicht zum Schleimer zu werden. Schenken Sie lieber Ihre volle Aufmerksamkeit statt ein riesiges Präsent aus dem Spielzeugladen. Sprechen Sie über Themen, für die sich die Kinder interessieren, statt sich selbst in den schillerndsten Farben darzustellen. Die Mischung macht es. Ähnlich wie bei den Tipps für die ersten Dates könnte man hier sagen: Ein Drittel sprechen Sie über die Persönlichkeit des Kindes, ein Drittel über sich selbst und ein Drittel über allgemeine Themen. Bleiben Sie dabei offen, natürlich und authentisch. Wenn die Kinder die Möglichkeit bekommen, Sie so kennenzulernen, wie Sie sind, werden Sie am ehesten die Chance bekommen, akzeptiert zu werden. Blender, Schleimer, Wichtigtuer und Angsthasen stehen in der Rangliste der Kinder und Jugendlichen nicht an prominenter erster Stelle. Doch keine Sorge: Ihr neuer Partner liebt Sie so, wie Sie sind. Warum sollten seine Kinder es anders sehen?

Erste Treffen können ein wundervoller Beginn sein. Seien Sie daher im Gespräch interessiert, aber führen Sie kein Verhör. Erwachsene neigen häufig dazu, Kinder mit Fragen zu überschütten, um ein Gespräch in Gang zu bringen. Ein Moment des Schweigens wird da häufig als Bedrohung und als unangenehm empfunden und daher gern gleich bekämpft, indem man Fragen stellt. Diese Taktik erscheint im ersten Moment recht gut geeignet. Leider führt sie jedoch häufig dazu, dass Kinder sich einer Vernehmung unterzogen fühlen: »Was macht die Schule?«, »Welches Buch liest du gerade?«, »Welche Hobbys hast du?« Bei jeder Antwort müssen sich die Kinder ein Stück öffnen und etwas von sich preisgeben. Sie sollen Dinge über sich verraten und etwas von sich erzählen, ohne dass der erwachsene Fragensteller mitzieht. Dies wird schnell zu einer sehr einseitigen Unterhaltung, die Kinder in der Regel gar nicht mögen.

Versuchen Sie stattdessen offen zu kommunizieren, indem Sie den Kindern auch Einblicke in Ihr Leben, Ihre Hobbys, ein bisschen in den Beruf und Ihre Familie bieten. Versuchen Sie dabei ruhig Parallelen zu finden, die eine Verbindung zum Kind herstellen. Vielleicht hat Ihr neuer Partner davon erzählt, dass sein Sohn zu Weihnachten eine tolle Kamera bekommen hat, weil er so leidenschaftlich gerne fotografiert. Haben Sie in Ihrer Jugend auch fotografiert? Kennen Sie sich mit Kameras aus? Na bitte, dann bringen Sie das Thema an. Hier lassen sich dann auch fachliche Fragen stellen, bei denen das Gegenüber nichts über sich selbst preisgeben muss, sondern seine Begeisterung mit Ihnen teilen kann. Das funktioniert natürlich auch bei vielen anderen Hobbys: Reiten und Interesse für Pferde, Ski fahren, Musizieren, Computer & Co. oder Haustiere. Hören Sie gut hin. Fachsimpeln Sie gemeinsam ein wenig. Tauschen Sie sich über Ihre Lieblingsthemen aus. Prahlen Sie aber nicht mit Ihren Siegen und Trophäen, den Erfahrungen, die Sie bereits gemacht haben. Lassen Sie sich lieber etwas erzählen, haken Sie hier und da ein und lassen Sie die anderen Fragen stellen. Wer Fragen stellt, führt das Gespräch und hat die Macht. Geben Sie diese ein wenig ab, die Kinder werden es Ihnen danken.

Was, wenn es nicht funktioniert? Wenn sich kein Thema finden lässt? Die Kinder einfach nicht reden wollen? Machen Sie kein Drama draus. Versuchen Sie nicht krampfhaft die Kinder mit Fragen zu bombardieren, um das Gespräch doch noch in Gang zu bringen. Wechseln Sie lieber die Situation, gehen Sie spazieren oder eine Runde kicken, kaufen Sie für das gemeinsame Abendessen ein. Kommt der Körper in Bewegung, kommen irgendwann auch die Worte in Gang!

Tempo, Tempo?

Jeder Mensch hat sein eigenes Tempo. Dies zeigt sich in der Arbeit, beim Lernen, im Tagesrhythmus. Auch beim Kennenlernen neuer Menschen sind alle sehr individuell. Manche stürzen sich voller Begeisterung in die neue Situation und das vermeintliche Vergnügen, andere stehen erst einmal stundenlang am Rand und beobachten das bunte Treiben, bevor sie ein Teil davon werden. Achten Sie daher genau auf das Tempo. Und zwar auf das Tempo der Kinder! Nicht jedes wird gleich mit Ihnen plaudern und Ihnen das Kinderzimmer zeigen wollen. Versuchen Sie, sich ein wenig der Geschwindigkeit anzupassen. So überrennen Sie einander nicht.

Erinnern Sie sich daran, wie viel Zeit Sie brauchten, um wieder zu sich selbst zu finden und die neue Lebenssituation nach der Trennung anzunehmen. Diese Zeit sollten Sie auch jetzt für sich beanspruchen, wenn die Gefühle in der Achterbahn mit viel Schwung wieder nach oben rauschen. Schnell lassen wir uns mitreißen. Sind begeistert und reißen jubelnd die Hände in die Höhe. Alle Träume sind zum Greifen nah, wir fühlen uns beflügelt und entschweben in den siebten Himmel. Das ist schön und gilt es, *ausführlich* zu genießen! Vielleicht schaffen Sie es daher, das Tempo zu drosseln und sich dadurch ein wenig Zeit zu sichern:

> Zeit, um eigene Rituale für die neue Familienkonstellation zu entwickeln
> Zeit, um gemeinsame Erfahrungen zu machen
> Zeit, um den anderen besser kennenzulernen
> Zeit, um jedem Einzelnen die Möglichkeit zu geben, in seinem eigenen Tempo auf die neue Situation einzugehen

Vom Umgang miteinander

Wie aber gehen wir jetzt konkret mit den Kindern um? Was gilt es in welchem Alter zu beachten?

Säuglingsalter
Da im Babyalter die Mutter noch die wesentliche Bezugsperson für die Kinder ist, haben gerade die »Patchworkpapas« in dieser Phase eine tolle Chance. Wer sich vorher klar darüber ist, ob er in die Vaterrolle schlüpfen will, kann hier verhältnismäßig unkompliziert aktiv werden. Aber auch Säuglinge registrieren sehr wohl die Veränderungen um sich herum. Sie sind in der Nacht unruhiger, weinen häufiger, hängen an Mamas Rockzipfel und fremdeln ein wenig mehr. Auch sie müssen erst einmal ein wenig Zeit mit der neuen Person in ihrem Umfeld verbringen. Lassen Sie also sich und den Kindern Zeit!

Kleinkinder bis zum fünften Lebensjahr

Stellen Sie sich vor, Sie spielen mit Ihrem Kind im Wohnzimmer mit Playmobil oder basteln gerade ein wunderschönes Bügelperlenbild. Ein schöner Nachmittag ohne Zwischenfälle und ohne Termine. Da klingelt plötzlich das Telefon. Ihre Freundin ist dran und braucht dringend einen Tipp für das anstehende Vorstellungsgespräch bei ihrem Traumarbeitgeber. Sie tigern im Raum hin und her und plötzlich kracht es. Das Playmobilland ist von einem Apfel zerbombt worden. Sie zischen Ihrem Kind zu, es möge bitte kurz ruhig sein. Sie versuchen sich erneut auf das Gespräch zu konzentrieren, als ein lauter »Mama Hunger«-Schrei Sie ablenkt. Wir könnten das Gedankenspiel noch lange weiterspielen. Der plötzliche Geltungsbedarf der Kinder dürfte jeder Mutter hinlänglich bekannt sein. Sie fordern mit den unmöglichsten Dingen unsere Aufmerksamkeit.

Ähnliche Verhaltensweisen können Sie höchstwahrscheinlich auch beobachten, wenn ein neuer Partner in das Kinderleben tritt. »Der da« gehört hier nicht hin, stört, ist doof und überhaupt nicht erwünscht. Da die Mutter in diesem Alter noch die Hauptbezugsperson ist, kann genau sie ihrem neuen Partner dabei helfen, einen Platz im gemeinsamen Leben zu finden. Denn wen oder was Mama gefällt, gefällt in der Regel auch den Kindern. Und wenn »der Neue« dann keine Gefahr und Eifersuchtsquelle darstellt, weil die Mutter es schafft, ein positives Gleichgewicht herzustellen, ist der Weg geebnet. Gehen muss ihn jeder neue Partner selbstverständlich allein, aber der Elternteil kann ihn dabei an die Hand nehmen. In diesem Alter zählen vor allem Taten statt Worte. Gemeinsame Unternehmungen, ein Besuch im Zoo, das Spielen mit Playmobil und Co. sind mehr wert als wortreiche Beteuerungen.

176

Schulkinder

Schulkinder stellen viele Fragen, sind neugierig und wollen alles wissen. Wer bist du, was machst du, was willst du von meiner Mama? Die Mischung aus Erklärung und direkter Aktion ist hier oft der goldene Mittelweg. Kinder in diesem Alter sind häufig offen für Neuerungen, müssen sie sich in der Schule doch auch mit neuen Bezugspersonen wie den Lehrern und bisher unbekannten Themengebieten auseinandersetzen. Wenn der neue Partner genau hinschaut und die Interessen des Kindes entdeckt, hat er gute Chancen, auf diesem Weg mit dem Kind in Kontakt zu treten und vorsichtig sein Herz zu erobern.

Pubertät und Jugendalter

Jugendliche sind in dieser Phase unberechenbar. Sie kennen sich selbst nicht mehr. Auch die Eltern haben häufig das Gefühl, dass da ein Unbekannter am Frühstückstisch sitzt, der in der Nacht gegen das eigene Kind eingetauscht wurde. Heute finden sie den einen Elternteil cool, morgen ist er so was von out. Außerdem ist die Einstellung »dagegen« scheinbar der Leitspruch. Erwarten Sie also nicht, dass es leicht wird. Haben Sie Geduld und Verständnis, und vor allem: Lassen Sie sich nicht ausspielen. Wer es schafft, eine neutrale Position einzunehmen und keinen Loyalitätskonflikt hervorzurufen, hat gute Chancen. Denn pubertierende Jugendliche haben schon bei den leiblichen Eltern häufig das Gefühl, sie nicht zu brauchen. Sie nabeln sich ab. Wer will sich in einer solchen Phase noch einen weiteren Elternteil angeln?! Versuchen Sie ein erwachsener Freund statt Ersatzelternteil zu werden

Erwachsene Kinder

Nicht immer zerbrechen die Familien, während die Kinder noch klein sind. Zwar scheinen Beziehungen, die die Zehnjahresmarke überstehen, deutlich stabiler als jüngere Bündnisse, eine Garantie für Bestand ist es dennoch nicht. Dass es an dieser Stelle gewiss nicht mehr um das Thema »Ersatzeltern« geht, ist klar. Dennoch empfiehlt sich auch bei erwachsenen Kindern eine gewisse Empathie. Wie eigentlich bei allen Personen, die man neu kennenlernt.

Vergessen Sie bitte bei all diesen Gedanken den leiblichen Vater nicht. Soweit es Ihnen möglich ist, sollten Sie Ihre Elternbeziehung zueinander aufrechterhalten. Sprechen Sie offen miteinander, bleiben Sie neutral. Auch und gerade dann, wenn der Expartner ebenfalls eine neue Partnerschaft eingeht. Was Sie sich selbst wünschen und eingestehen, sollte auch für ihn nur recht und billig sein. Und vor allem: Bis auf den Zusammenhang mit dem gemeinsamen Kind geht es Sie nichts an. Für die Kinder ist es eh schon schwierig genug, mit so vielen neuen Bezugspersonen und geänderten Lebensumständen klarzukommen. Sie können es ihnen leichter machen, wenn Sie den neutralen Umgang miteinander pflegen. Kein Ausfragen über das Papa-Wochenende, kein Tabuisieren. Auch jetzt sollte sich das Kind nicht in einen Loyalitätskonflikt getrieben sehen. Wenn ein Konflikt sich einmal nicht vermeiden lässt – und gehen Sie davon aus, dass dies irgendwann so sein wird –, dann versuchen Sie ihn vernünftig zu lösen. Also ruhig, sachlich mit dem Blick auf das Wohl der Kinder.

Alles, was sich jetzt so leicht und durch die neue Beziehung so glücklich anhört, schürt auch bei Erwachsenen gemischte Gefühle. Plötzlich sind Emotionen wie Eifersucht, Unsicherheit, Bauchkribbeln vor Liebe und Neid greifbar nahe. Es entstehen Machtspiele, die oft schon als gemeistert galten.

Monika Czernin schreibt im Buch *Glückliche Scheidungskinder*: »Keine Zeit, um die Beziehungen zu pflegen, ist die größte Gefahr für die Patchworkfamilie. Zeitmangel bringt die Familie auf die Dauer auseinander.« Diese Aussage ist so einfach wie schwierig zugleich. Wir können es nachvollziehen, weil die Zeit häufig auch ein Faktor für das Scheitern der Beziehung war. Wir wissen aber auch, dass es im Alltag nahezu unmöglich erscheint, noch mehr Zeit zu investieren. Überlegen Sie mit Ihrem neuen Partner also ganz genau, wie sich Prioritäten so verschieben lassen, dass Zeit ein wertvolles und gut nutzbares Gut wird.

Bitte denken Sie daran: Bei allen Tipps und Tricks geht es hier immer noch um ganz persönliche Dinge. Darum ist es mir auch an dieser Stelle wichtig, dass Sie Ihren ganz eigenen Gefühlen folgen und Ihr individuelles Tempo wählen. Wann Sie welchen Schritt gehen, ist immer Ihre Entscheidung. Wichtig ist, dass Sie einen nach dem anderen gehen. Lernen Sie erst einmal sich und Ihren neuen Partner alleine kennen. Verbringen Sie so viel Zeit miteinander, wie Ihnen möglich ist. Erkunden Sie sich und Ihre Eigenheiten. Nutzen Sie trotz oder gerade wegen der Kinder diese Phase der Verliebtheit. Die meisten Paare lassen sich rein instinktiv ausreichend Zeit. Sie wollen die Kinder, Freunde und die restliche Verwandtschaft erst einmal außen vor lassen, um gerade in Bezug auf die Kinder erneute Verwirrungen und Verletzungen zu vermeiden. Erst wenn das Gefühl über viele Wochen und manchmal gar Monate stabil und positiv bleibt, rückt die Begegnung mit den Kindern immer näher. Auch ihnen sollten Sie Zeit lassen. Und erst, wenn Sie sich miteinander wohlfühlen, sollten Sie den restlichen Umkreis involvieren.

Jede Geschichte hat ein Ende.
Doch im Leben ist jedes Ende
ein neuer Anfang.

Ein neuer Bund fürs Leben

Eine neue Heirat ist für viele Kinder weniger beängstigend und negativ, wie viele Eltern befürchten. Denn Kinder sehen in einer Hochzeit häufig eher ein aufregendes Ereignis, das mit einem rauschenden Fest gefeiert wird, nicht aber eine grundlegende Veränderung ihres eigenen Lebens. Denn die Einschnitte finden häufig schon viel früher statt, nämlich dann, wenn der neue Partner einzieht und sich der Alltag und die Lebensumstände dadurch maßgeblich verändern.

Wie sage ich es meinem Kind, dass ich wieder heiraten werde? Als es darum ging, die Kinder auf die Trennung vorzubereiten und sie über die bevorstehende Scheidung zu informieren, haben wir uns sehr viele Gedanken gemacht. Es lohnt sich nun auch im Hinblick auf die positiven Veränderungen, behutsam vorzugehen. Betonen Sie die Veränderungen, die anstehen. Unterstreichen Sie dabei die positiven Dinge. Tatsachen, auf die man sich freuen kann. Vielleicht ist es aber auch so, dass sich wie gesagt gar nicht so viel verändern wird. Wenn die Wohnsituation bleibt, der Alltag schon erprobt ist, alle Beteiligten bereits ihren ganz individuellen Platz gefunden haben, dann sollten Sie sich nicht zu viele Gedanken machen. Kaufen Sie eine Flasche Prosecco und einen Kindersekt und stoßen Sie bei passender Gelegenheit gemeinsam mit Ihren Kindern an. Feiern Sie diese Neuigkeit. Bieten Sie Platz und vor allem Zeit für all die Fragen, die nun auftauchen, und schwelgen Sie gemeinsam in den Zukunftsplänen. Schauen Sie sich Ihre Kinder an. Sie kennen sie am besten. Sie wissen bereits in Ihrem Inneren, was zu tun ist, stimmt's?

Hermann Hesse macht uns in seinem Gedicht »Stufen« Mut, dieses Neue positiv und optimistisch anzugehen:

>»Und jedem Anfang wohnt ein Zauber inne, der uns beschützt und der uns hilft, zu leben.«

Was ich Ihnen wünsche

Wenn der große Traum von Familie platzt, stürzt unser Leben über uns zusammen. Auch wenn Ihnen die Last die Luft zum Atmen raubt, auch wenn der Staub Ihnen die Sicht in eine Zukunft nimmt, so machen Sie sich bewusst, dass Ihr Leben und das Ihrer Kinder weitergehen wird. Dass die Zeiten nicht einfach sind, aber überwindbar. Dass die Stärke und Kraft, die Antworten auf Ihre Fragen, die Liebe und das Vertrauen darauf tief in Ihnen stecken und nur darauf warten, wieder ans Tageslicht zu treten. Seien Sie mutig. Seien Sie schwach. Seien Sie Sie selbst und Sie werden feststellen, dass auch dieser neue Lebensabschnitt Wundervolles für Sie bereithält. Das Wertvollste – Ihre Kinder, Ihre Familie – wird Sie stützen. Wahre Freunde werden an Ihrer Seite stehen. Registrieren Sie nicht nur, was Sie verloren haben, sondern das, was Sie umgibt.

Ich wünsche Ihnen von Herzen alles erdenklich Gute – Sie haben es sich verdient!

Anhang

Hilfreiche Organisationen und Links

Arbeitskreis Partnerschaftskrise, Trennung, Scheidung e.V.
Hartmannsweilerstraße 78
65933 Frankfurt am Main
Tel.: 0 69 / 51 95 73
ak-pts@online.de

Deutsches Familienrechtsforum e.V.
Augustenstraße 124
70197 Stuttgart
Tel.: 0711 / 1 66 64 44
www.welt-des-familienrechts.de

Familien-Notruf München
Pestalozzistraße 46
80469 München
Tel.: 0 89 / 2 38 85 66
www.familien-notruf-muenchen.de

Intakte Elternschaft trotz Trennung/Scheidung (IETE)
Germersheimer Straße 26
81541 München
Tel.: 0 89 / 4 52 44 31 20
www.iete-muenchen.org

pro familia Bundesverband
Stresemannallee 3
60596 Frankfurt am Main
Tel.: 0 69 / 26 95 77 90
www.profamilia.de

TuSch – Trennung und Scheidung – Frauen für Frauen e.V.
Grimmstraße 1
80336 München
Tel.: 0 89 / 77 40 41
www.tusch.info

Verband alleinerziehender Mütter und Väter
Bundesverband e.V.
Hasenheide 70
10967 Berlin
Tel.: 0 30 / 6 95 97 86
www.vamv.de

Verein für Humane Trennung und Scheidung e.V.
Goethestraße 68
80336 München
Tel.: 0 89 / 5 30 95 39
www.vhts-muenchen.de

Zusammenwirken im Familienkonflikt
Interdisziplinäre Arbeitsgemeinschaft e.V.
Mehringdamm 50
10961 Berlin
Tel.: 0 30 / 8 61 01 95
www.zif-online.de

Weitere hilfreiche Links im Internet

www.familienhandbuch.de: Das Familienhandbuch des Staatsinstituts für Frühpädagogik (IFP)

www.lebenslage-scheidung.de: Das große Portal rund um Trennung, Scheidung, Unterhalt

Unter www.olg-duesseldorf.nrw.de finden Sie jeweils die aktuelle Düsseldorfer Tabelle zur Errechnung des Unterhaltsanspruchs der Kinder.

Literaturhinweise

Basciano, Christina: Trennungsschmerz. *So gehen Sie mit dem Ende einer Beziehung besser um*, München: mvg 2011

Baumbach, Martina: *Und Papa seh ich am Wochenende*, Stuttgart: Gabriel 2010

Cope, Elisabeth: *Allein erziehen und optimistisch bleiben. Probleme erkennen und Prioritäten setzen*, Stuttgart: Klett-Cotta 2004

Dahme, Otfried; Wiese, Annegret: *Die Scheidung. Ein juristischer und psychologischer Ratgeber für Frauen*, Hannover: Humboldt, 3., aktual. Aufl. 2009

Engelbrecht, Sigrid: *Lass los, was dich klein macht. Die sieben Schlüssel zu mehr Selbstwertgefühl*, München: Gräfe und Unzer, 4. Aufl. 2011

Forster, Barbara: *Rezepte für Keiner-liebt-mich-Tage. Wie Sie Ihre gute Laune wiederfinden*, München: Kösel, 4. Aufl. 2012

Juul, Jesper: *Aus Stiefeltern werden Bonus-Eltern. Chancen und Herausforderungen für Patchwork-Familien*, München: Kösel, 2. Aufl. 2011

Kästele, Gina: *Und plötzlich wieder Single. Eine Trennung bewältigen und neue Perspektiven entwickeln*, München: Kösel 2011

Kleist, Bettina von: *Das Jahr danach. Wenn Paare sich trennen*, Berlin: Christoph Links 2011

Largo, Remo H.; Czernin, Monika: *Glückliche Scheidungskinder. Trennungen und wie Kinder damit fertig werden*, München: Piper, 10. Aufl. 2011

Lüpkes, Sandra: *Ich verlasse dich. Ein Ratgeber für den, der geht*, Frankfurt/M.: Fischer-TB, 2. Aufl. 2011

Martin, Katharina; Schervier-Legewie, Barbara: *Single-Mom. Wie Frauen mit Kindern die Trennung bewältigen*, München: Ariston 2007

Poulter, Stephan: *Der Ex-Faktor. 6 Strategien für ein neues Leben nach der Trennung*, Weinheim: Beltz 2010

Richrath, Monika: *Das kleine Singlewohlfühlbuch für Frauen*, München: mvg 2005

Rieckhoff, Sibylle: *Heute ist Papa-Tag*, Stuttgart: Thienemann 2011

Sandberg, Vera: *Und morgen bin ich dich los. Das große BRIGITTE-Scheidungsbuch*, München: Diana 2008

Sprünken, Dirk M.; Faber, Hanns Peter: *Die schmutzigsten Scheidungstricks und wie man sich dagegen wehrt*, München: C.H. Beck, 5., aktual. Aufl. 2009

Stöwing, Oliver: *Wann kommt denn endlich der blöde Prinz auf seinem dämlichen Gaul! 100 Tipps, wie Sie Ihren Traummann finden*, München: Droemer Knaur 2009

Webb, Dwight: *Ab heute ohne dich. 50 Tipps für ein Leben nach der Trennung*, München: Piper, 3. Aufl. 2008

Wolf, Doris: *Wenn der Partner geht. Trennungsschmerz und Liebeskummer bewältigen*, Mannheim: PAL, 27. Aufl. 2004

Zwißler, Finn: *Geld-Checkliste Scheidung. Die entscheidenden Schritte — Richtig handeln im Trennungsjahr* (= Walhalla Rechtshilfen), Regensburg: Walhalla und Praetoria, 9. Aufl. 2010